あやみん先生の

人生後半戦が輝く！

45歳からの「似合う」が見つかる おしゃれ塾

冨永彩心

かれば、

はじめに

はじめまして、冨永彩心《あやみ》です！　あやみん先生と呼ばれています。

私はファッションで人生が変わると信じています。そして実際に変わったひとりです。

45歳からの生き方をファッションで激変させる専門家、ブランディングスタイリストとして、年間１００人以上の方々のショッピングレッスンをさせてもらい、そのほかスタイリスト養成講座なども開講しています。

なぜ45歳からなの？というと、その時期といえば更年期や育児、介護、自分の今後のキャリア……。さまざまなことが重なって、精神的にもいちばんキツい時期じゃないでしょうか。かくいう私もそのひとりでした。約10年間専業主婦で、13年以上のブランクを経て仕事を再開。50歳前後で、義母の介護や娘の受験、夫の失踪や離婚、義母や実父の死などいろいろなことが怒濤《どとう》のように起こりました。私、インスタライブでは明るいキャラクターに見えると思いますが、実は自己評価や自己肯定感はとても低く、家族に愛されていないとずっと思っていました。自信もないし、メンタルは本当に弱かった。そこから

この仕事に出会い、毎日自分の好きな服を着ようと決めたら変われたのです。

ファッションってやっぱり人生も変えるんです！

人生は変わる!

「似合う」が

洋服選びやファッションにまつわることに悩んでいるたくさんの女性と出会う中で、思うこと。純粋に着ることを楽しんでほしい。若いときにはあった着る喜びを思い出してほしいと思うのです。

でも誰かにあなたの似合う服はこれ！って正解を言ってもらいたいスタンスならずっと変われないし、この本は正直お役に立てないかもしれません。

怖がらず、自分のことをたくさん観察してあげてください。自分の〝似合う〟を知っていたら、洋服が世の中にあふれていたとしてもその中から選びとれます。だから自分の外見的な特徴を知って、この色を着ると素敵に見えるんだって、「私」という軸で考えていきましょう。それができれば実はおしゃれってそんなに難しいことではないんです。若いころと比べてシワも増えたし体型も変わったから見たくない、なんて言っている場合じゃない！　現実はそこにあるのだから。いくつになってもファッションで素敵に見えるし、年齢によって着てはいけない服なんてない！　だって、

ファッションは自由。正解は自分の中にあるから。

みなさん、私と一緒にフク活、始めましょう！

冨永彩心

あやみんSTORY

突然の離婚

介護

父の死

義母の急死

退職

50歳前後の数年間、たくさんの“苦しい”がありました。
自分の時間は、ほぼゼロ。毎朝5時起きで
介護をしながら仕事、育児とフル回転。そして突然
突きつけられた離婚。この仕事も最初から順調だった
わけじゃない。でもやっぱりファッションで
人生が変わると思ったから、今があるんです。

暗闇時代

45歳ごろの私(笑)。自分の写真を撮ることは皆無。家事、育児、仕事(パート)に追われる毎日。実家帰省時に撮った一枚。

仕事ゼロ
売り上げゼロ

好きな服を着て生きる！は「似合う」を知ること。

**似合うを知れば
不思議と自分のことも
好きになれるよ！**

洋服は毎日自分で選ぶもの。
だから、心と連動します。
ファッションがいまいちと感じるときは
人生にも迷い中のサインかも。
自分が着ているものに目を向けることで、
今の自分のことを知ることができ、
気づきがあります。
変わることを怖がらないで！
どんどん素敵になっていく自分を
楽しみましょう。

あやみん年表

20代	フリーの スタイリストとして活動
31歳	結婚
32歳	娘を出産
35歳	スタイリストを廃業し 専業主婦に
48歳	百貨店の販売員 として勤務
50歳	娘が大学合格 義母・実父が亡くなる
51歳	百貨店を退職 スクールや講座を受講
52歳	離婚 ブランディング スタイリストスタート コロナ禍・ 売り上げゼロな月も
54歳	毎朝インスタライブスタート
55歳	フォロワーが1万を超える
56歳	スタイリスト養成講座 本格始動
57歳	自身初の書籍を刊行

（43〜50歳 義母の介護）

ブラウス／プラスオトハ
ネックレス／アデル ビジュー

好きな服だけ着て生きる！と決めた

起業したい！じゃなくて、するしかなかった50歳

20代は雑誌のスタイリストとして多忙でしたが、結婚・出産を機に専業主婦に。育児も少し落ち着き、13年のブランクを経てフルタイムの販売員を48歳でスタート。それより少し前に始まっていたのが義母の介護。そのころには気づいていた夫の浮気や、娘の大学受験も重なり、円形脱毛症になりました。50歳で義母や父が立て続けに亡くなり、疲れ果て、翌年何も考えず会社を退職。夫も失踪するという状態で、とにかく誰も頼れないからと、一念発起！　カラー診断や骨格診断の資格を取得、心理学を学びがむしゃらに勉強しました。52歳で離婚し、パーソナルスタイリストとしてやっていくしかない状態。貯金も底を突き、死ぬ気でやろうと決めました。少しずつ仕事が軌

道に乗り、やっていけるかなと思ったやさきのコロナ禍。仕事ゼロ、売り上げゼロで途方に暮れました。でもできることをやるしかないとオンライン無料相談やインスタライブで発信するうちに、たくさんの仕事が舞い込むようになったのです。

どんな人も好きな服を着ることがやっぱり大事だと知った

パーソナルスタイリストとしての勉強をすればするほど、人には似合う似合わないがあるけれど、好きな服を着るということがいちばん大事だと痛感しました。たくさんの方と接して思うのは、「似合う」と「好き」って実はだいたい同じことが多い。なんのしがらみもなく、ファッションを楽しめていた時に好きだったものが大体似合うんですよね。でも、社会人になり母になり、無意識のうちに立場を意識するようになって、好きな服だけを着ていればいいわけじゃない、と思うようになる。だから自分がおしゃれを楽しんでいた時のことを思い出してほしいです。おしゃれって思考。思考を変えないとあなた自身のスタイルも変われないんです。

今の仕事で大事にしていることは自分を疑うこと

この仕事でお客さまにアドバイスを伝えるとき、私は私自身を疑うようにしています。私の好みを押しつけていないか、その人にとって本当に良いものなのか。必ず俯瞰で問いかけるようにしています。

おしゃれを楽しめるようになると、ほかにやりたいこともできるようになります。なぜって、今日は何着よう？っていう悩みがなくなり、クローゼットを見てため息をつくこともない。究極の時短。迷わなくなった時間で自分がやりたかったことができるようになるんです。だからこそ、好きな服だけ着て生きる、があなたの人生を変えるのです！

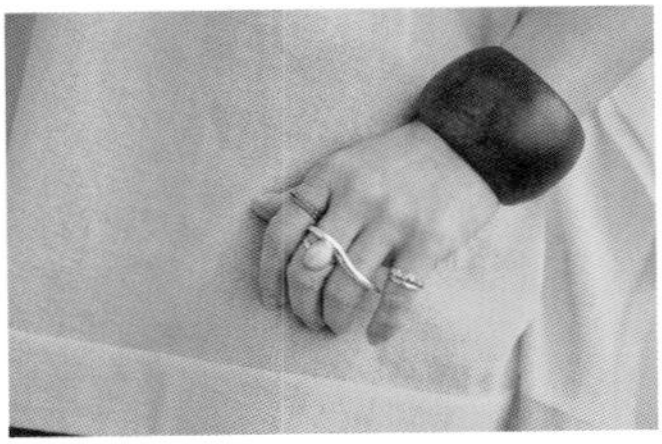

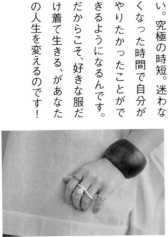

CONTENTS

002 はじめに 「似合う」がわかれば、人生は変わる！
004 あやみんSTORY
006 好きな服だけ着て生きる！と決めた
010 ワタシたち、あやみんマジックで人生変わりました！
019 変わりたいなら！ すぐ実践！ 自分を知るための3つのコト
1 全身写真を撮る
2 自分が持っている服を把握する
3 その服、最低3パターン着まわせますか？
026 COLUMN 服のスタイリストである私がヘアとメイクが重要と言うワケ

Chapter 01
老けて見えるのではなく、見せている
良かれと思ったことが実は逆効果!?
028 大人こそ肌見せが必要です!!
032 アクセサリーは出かける前にひとつはずす
036 番外編 Q&A
038 〝年相応〟ではなく〝時代相応〟でいく
040 帽子は良い影と小顔をつくり、白髪と薄毛を隠す
044 おばさんコドモ脱出のカギは丈を変えるだけ
046 カーディガンは着るよりかけるが効果的
048 45歳以上のデニム問題どうする？
050 COLUMN 毎日のコーディネートは靴から。そうするとイライラしないし、慌てない

Chapter 02
体型はごまかすのではなく、受け入れるとやせる
隠せば隠すほどドツボにハマる…
052 自分のサイズを疑う
054 全身バランスのとり方は体型が知っている
055 自分でできる体型診断
058 白T・白シャツの正解サイズ早見表
061 あなたのおなかは誰も見ていません!!
064 骨格診断に振り回されない
066 メンズを着るという発想をもつ

Chapter

03

いつも地味色ばかり着てしまうあなたへ

色を味方につけると着こなしが劇的に変わる

070 2色は上品、3色はおしゃれ
074 黒と白は差し色です！
078 似合う色を知ったら人生変わります
079 カラー診断でわかる似合う色・避けたほうがいい色
082 ピンクは大人にこそ着てほしい色
084 おしゃれな人とそうでない人の違いは色にある
088 COLUMN 45歳をすぎたら、髪色は断然ハイトーンがおすすめです！

Chapter

04

安っぽく見せないテクを伝授！

プチプラとトレンド、大人のつきあい方

090 プチプラは縫い目を見て！
092 ユニクロは全サイズ試着する!!
095 大人が受け入れてOKなトレンドは体型カバーできるもの
096 体型カバー今ならこの4アイテム！
098 COLUMN 服を買うときに失敗しないポイント、手持ち服の把握をしておくこと

Chapter

05

微差が大差をつくり出す！

「何か足りない」「どこか違う」は解決できる

100 着くずし上手になるには、5つ覚えるだけ！
106 靴は3足あればまわる
110 〝私らしい〟にこだわりすぎない
112 スカーフ使いに小細工はいらない
114 ソックスは黒一択
116 背中に気を使うと着こなしが見違える
118 柄を着たいときはボトムから
120 重ね着ベタがやることはひとつだけ
122 メガネは瞳の位置で選ぶ

124 **あやみんファッション格言集**

126 おわりに

127 SHOP LIST

若いころにはあった

自信がとり戻せた！

服を変えたら

営業成績が４倍に！

マジックで
人生変わりました！

自分じゃないみたい！
まさに未知との遭遇♡

着る服が変わったら“なんでもできる”と
思えるようになった

ワタシたち、あやみん

着るものが変わったら、日常も驚くほど変化した！　と言い切る7人の女性たち。変化を実感した彼女たちの共通点はあやみん先生に出会ったこと！「似合う」を知って変わった7人のBEFORE→AFTERを紹介します。

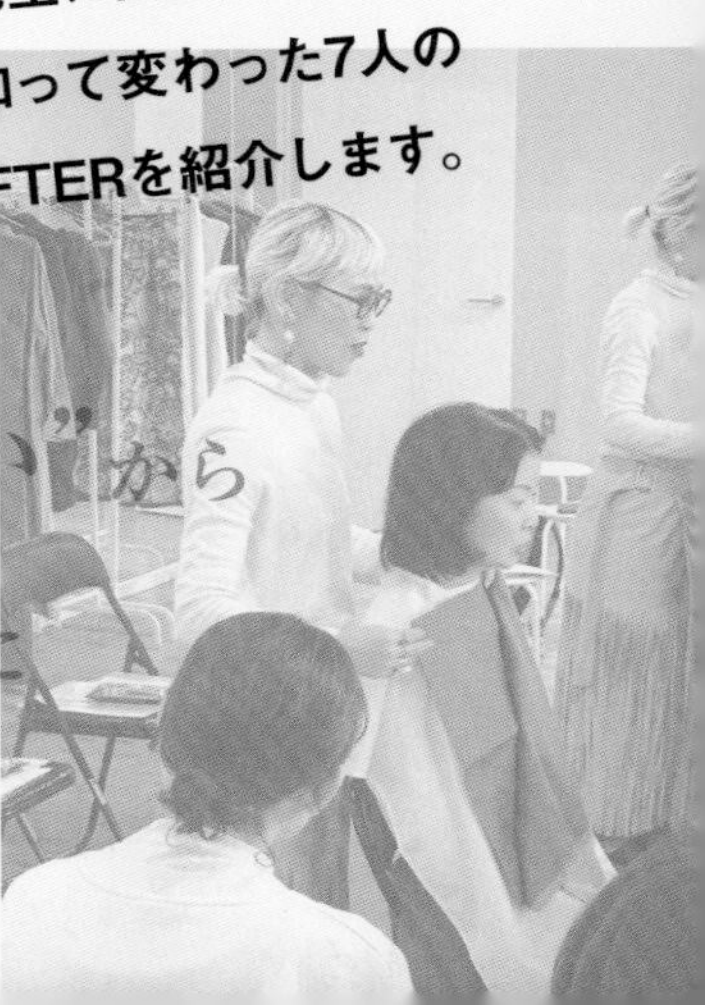

服選びが“苦しい”から“楽しい”に

中野渡裕美さん
パーソナルトレーナー

カラー診断の呪縛から抜け出せて霧が晴れたように好きな服を着られた

BEFORE

AFTER

以前、別の方にパーソナルカラー診断をしてもらったんです。そこでベージュやワントーンが似合うと言っていただいて満足していました。だけど気がついたらクローゼットがベージュ、茶、白、黒だけに。診断の呪縛から抜け出せなくなって、何を着たらいいかわからなくなってしまって。その時にあやみん先生のインスタを見て、衝撃を受けました。同じイエベ、オータムなのにカラフルな色の洋服をとても素敵に着てるのはなぜ?と思いショッピングレッスンに申し込み。結果、霧が晴れました(笑)。色にとらわれなくなり、必要に迫られて服を買うことがなくなりました。似合う服もわかり、ショッピングを楽しめるように!

田嶋智子さん
ファスティングカウンセラー

「全然アカ抜けない」から「ワタシ、意外とキレイなのかも」って思えた！

AFTER

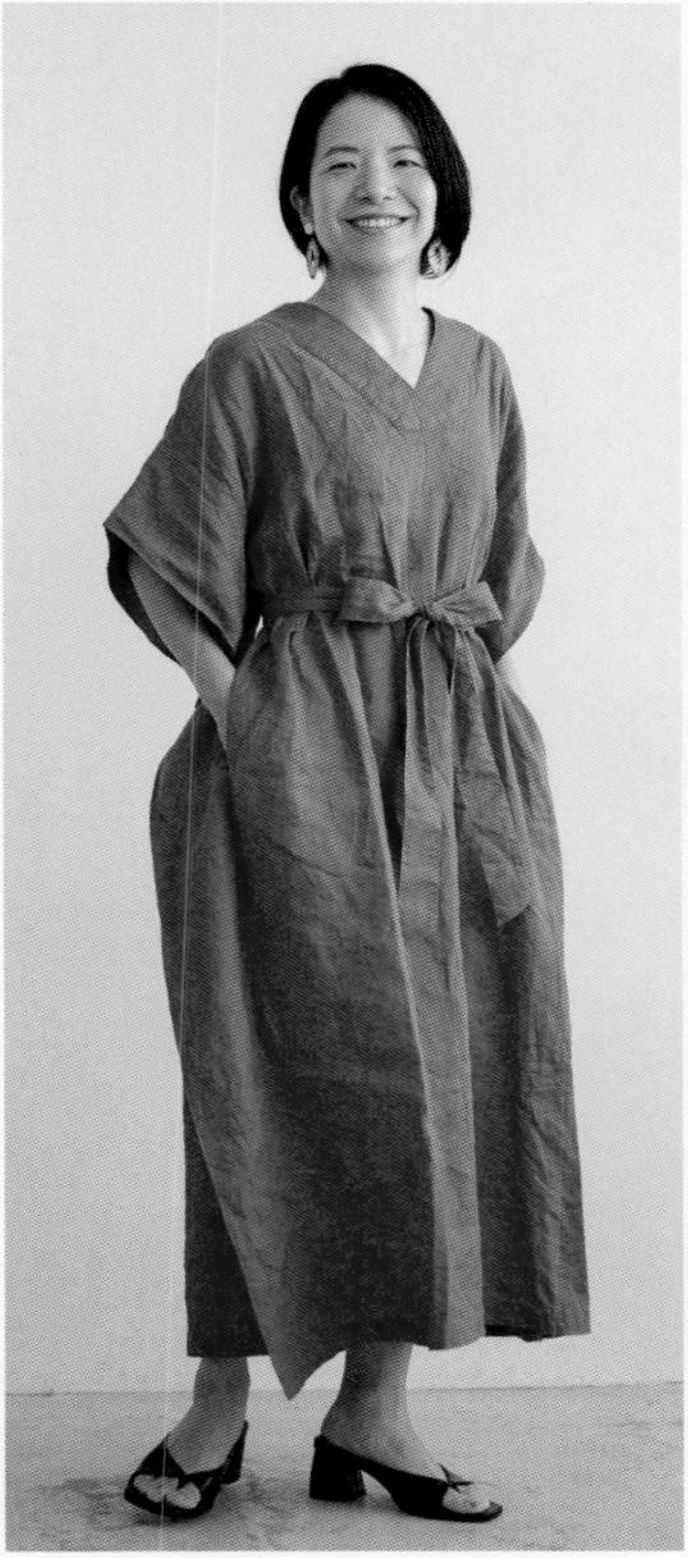

BEFORE

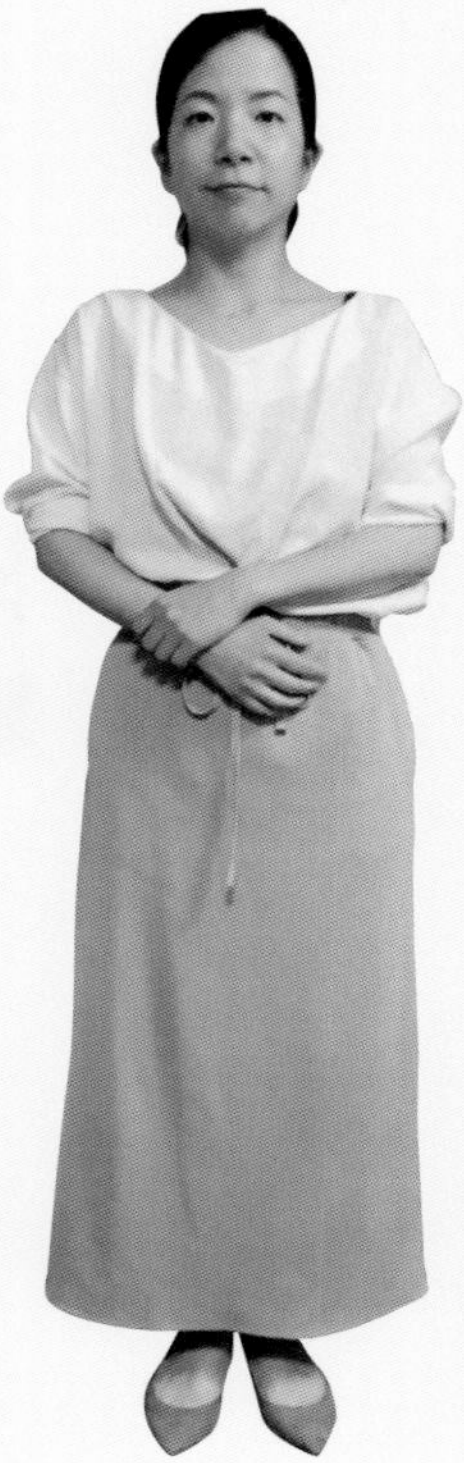

育児とコロナ禍の中、仕事復帰の際、気がついたらダボダボの服しかなくて、昔着ていた服を引っぱり出したらアカ抜けない私がいて。もう、何を着ていいかさっぱりわからなくなったんです……。もともと、ファッションに対してコンプレックスがあった私。人前で話す仕事をしているのに、自信がないから背中も丸まっていて。これはまずいと思ってあやみん先生にショッピングレッスンをお願いしました。自分はイエベだと思っていたらブルベで、着たことがない服を着て鏡を見たら、驚きしかなくて。私って意外とキレイなのかも？って思えたんです。服が変わったら仕事の仕方も変わり、営業成績が4倍に！

松家光恵さん
主婦

洋服を着た自分を鏡で見られるようになって、内面も変わったんです

BEFORE

AFTER

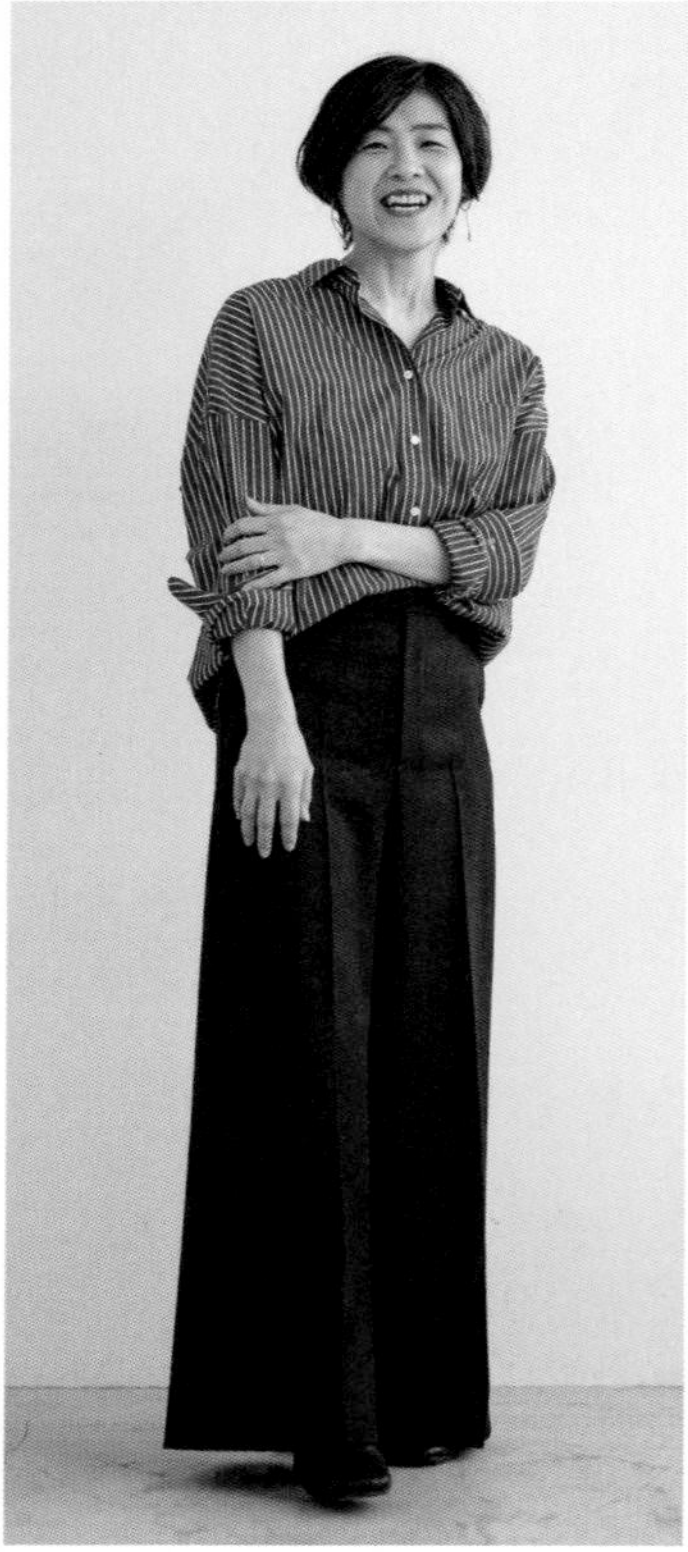

あやみん先生に出会うまでは、自分の服を買うことができなくて。誰に何を言われたわけでもないのに、自分にお金を使っていいの？と思っていました。何を着たらいいかわからないから鏡も見たくなくて。そんな時に「好きな服だけ着て生きる」っていう言葉をインスタで見て、こんな人になりたい！と思いスタイリスト養成講座を受講。私にできるかな……とひるんだ時もありました。そこであやみん先生に、焦らないで、自分のペースでいいよと言ってもらえて気持ちの面でもとても救われて。少しずつマインドも変わって、着たい服を選べるようになり、服以外のこともポジティブにとらえられるようになりました！

菊地藍さん
ファッションスタイリスト

どこにいても好きな服を着ていいんだ！ と思えた、だから今がいちばん楽しい

BEFORE

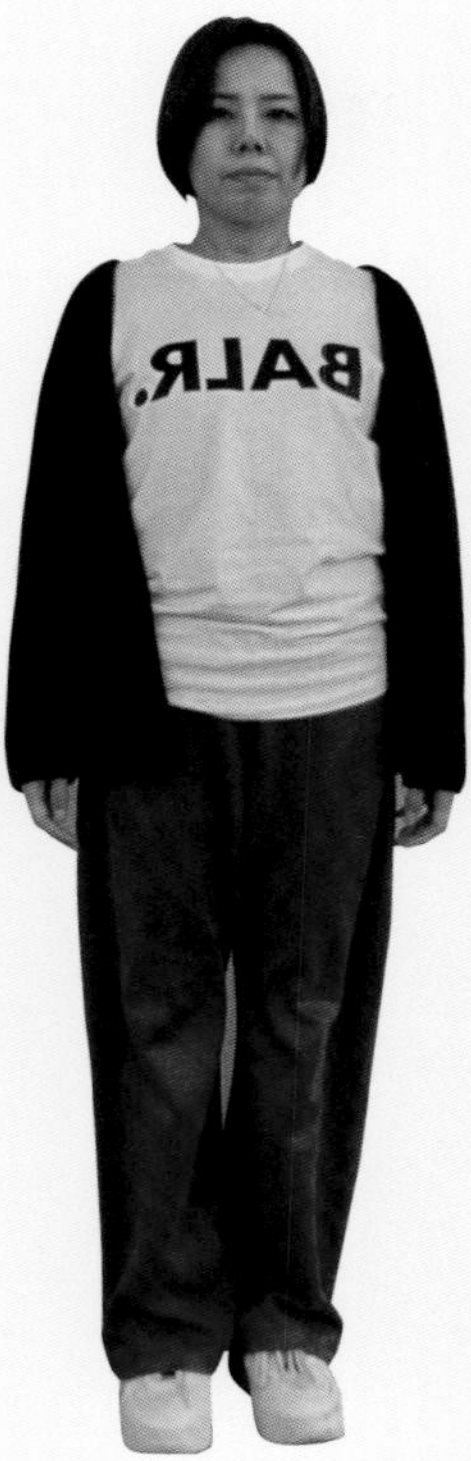

AFTER

私、3カ月で別人に（笑）。当時、都内から自然豊かな場所に引っ越して、コロナ禍と育児でずっと家の中。田舎だから着る服も毎日フリース・Tシャツ・スニーカー。周りから浮かないようにしていたら、メンタルが下がり、家から出られなくなってしまったんです。悶々としていましたが、もともとファッションの仕事がしたいと思っていたので一念発起！ インスタで見つけたあやみん先生がとても素敵で、スタイリスト養成講座に勢いだけで応募しました。初日、くら〜い顔の私を見て先生がびっくりしたくらい当時は内向きな私。でもたくさんのことを学び、ずっと並走してくれるあやみん先生のおかげで本当に変われました。

根岸かほるさん
主婦・パート従業員

完全にファッション迷子だった私。自信をとり戻せて〝自分らしい〟が見つかった！

AFTER

BEFORE

子育てや介護に必死になっていた分、ひと段落ついて自分を振り返った時に何を着ればいい？と全くわからなくなってしまった自分がいました。家族のことでいっぱいいっぱいで、気づいたら還暦をすぎてとにかくただ焦る毎日。完全にファッション迷子、人生迷子。雑誌や本、SNSをいろいろとチェックしていたらあやみん先生にたどり着いて。一緒にショッピングに行ってもらった時、人生で最高の買い物ができたと心から実感したんです。自分では絶対選ばないものだったけど、袖を通すと私らしいって思えた。メガネや身の回りのものもちゃんと選ぶようになって、服を変えたら生き方も変わったって本当に感じています。

佐々木陽子さん
パーソナルスタイリスト

尊敬する人が、変わった私を素敵！と言ってくれたことが何よりシアワセでした

BEFORE

AFTER

昔からファッション大好き！　あやみん先生のスタイリスト養成講座を受けて、おしゃれを通して一人でも多くの人に笑顔になってほしいと思ってました。ずっとファッションの勉強をしていたので自信はあったんです。でも実際に受講したら私が思う似合う服と先生からの答えが真逆で……。最初は戸惑いましたが、素直になろうと全部変えたんです！　黒や赤の服から淡い色の服にチェンジ。初めは落ち着かなかったけど、素敵！とたくさん言ってもらえて。どこかでずっとこのテイストはしていられないなとは思っていたんですよね。尊敬している方に素敵だと言ってもらえたことがいちばんうれしかったです。

水越綾さん
アーティスト・保育関係

無駄な時間、お金を使わなくなって試着室に行くのもイヤじゃなくなった

BEFORE

AFTER

40代半ばをすぎて自分が好きだった服を着ても似合わない、太って見えると思うようになって。同時にこれからの人生どうなりたいかな?とモヤモヤしていた時期でした。あやみん先生のインスタで「ファッション迷子は生き方迷子」っていう言葉を見てそれは私!自分を知りたい!変えたい!と強く感じたんです。実際に先生とショッピングに行って勧められたものを着たら、やせて見えるしアカ抜けて見えて。ちゃんと理論があって、似合うものと避けたほうがいいものが明確にわかるから迷いがなくなって、精神的にも変化が。外見に自信が持てると内面も堂々といられて、仕事にも良い影響があり、大きな変化だと実感中です。

変わりたいなら！

自分を知るための3つのコト

＼すぐ実践！／

自分を変えたいなら、まずは３つのことをやってみましょう。
難しくはないから、とにかくやるのみ！　やった人だけが変われるのです。

1 全身写真を撮る

毎朝、鏡で自分の着こなしを見るだけじゃダメ。写真を撮って見てみましょう。それを５枚並べてみて。自分がどのアイテムをよく着ているかがわかるし、何色の服をたくさん持っているかも見えてきます。そこに意外と気がついてない人も。自分の姿を見たくないという人は多いけどそこから目を背けないで。自分を変えることは、写真を撮ることからスタートするのです。何かひとつ変えるだけで激変する人もいるんですよ！

写真を５日分撮って並べてみて！

day1　day2　day3　day4　day5

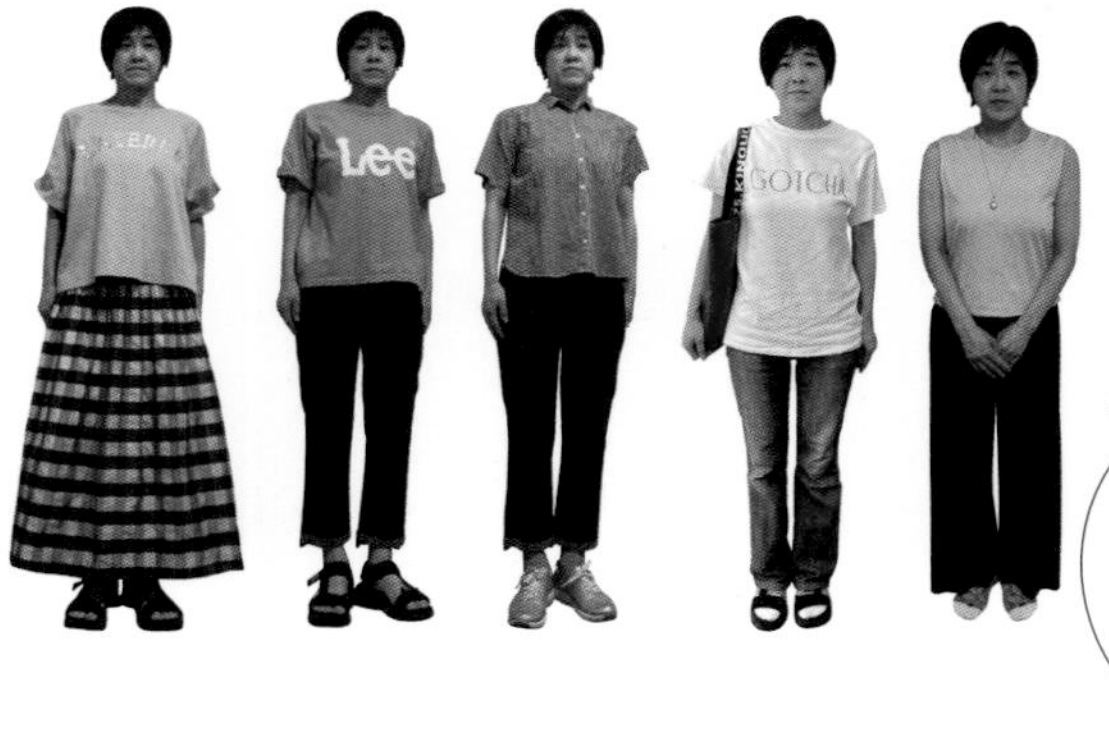

デニムの丈が短いからいまいち今っぽくない、着くずせてないことが判明。

５日分の写真を撮って比べてみたらどの日もほぼ真っ黒だったという人も。

自分が持っている服を把握する 2

手持ち服をアイテム別に分けてその数を知る

５枚の写真を撮って自分の洋服を見比べ、傾向がなんとなくわかったら、
次は持っている服の数を把握しましょう。自分に必要なものとそうでないものが見えてくるはず！

Aさんの例

Tシャツ・タンクトップ 36枚	ブラウス・シャツ 18枚	カットソー 7枚
ニット 13枚	カーディガン 10枚	パーカ・ブルゾン 5枚
パンツ 8本	スカート 6本	デニム 2本
ワンピース 5枚	ジャケット 5枚	コート 15枚
スーツ 1セット	帽子 6個	バッグ 9個
スカーフ・ストール 5枚	靴 20足	アクセサリー 33個

36枚!?
その半分は
ボロボロ
じゃないの!?
ボロボロは
処分を！

よほどの
寒がり!?か
心配性なのね。
体はひとつよ、
そんなに必要
ないはず！

全然
着てないもの、
あるでしょ。
コートは厳選した
いいものを
持ちましょう。

よく着るアイテムとその理由を書き出す

よく着るアイテムの理由を考えることで必要なものと不必要なものが明確になり、
クローゼットが整理されます。

よく着ているアイテム	色	よく着る理由
ボーダー ロングTシャツ	白× ネイビー	オーバーサイズで 着やすい
リブタートル ニット	ブラウン	重ね着でも 1枚でも 着られるから
デニム タイトスカート	ネイビー	ロング丈が今っぽく、 バランスがとりやすい
コーデュロイ パンツ	白	ゆったりしたサイズで はきやすい
ニットビスチェ	カーキ	今年らしさが出るから
トレンチコート	ベージュ	オーバーサイズで 着やすい。季節の 変わり目にちょうどいい

オーバーサイズが
好きで着やすくて
ラクということ。
次の買い物の
ヒントにして！

自分の好みを
言語化してると
思って。今っぽい
＝トレンド好き
ということ。

着ていて着心地
がいいからだし、
よく着る理由は
大抵がその人に
似合う服なのよ。

あまり(ほとんど)着ないアイテムとその理由を書き出す

あまり着ないアイテムを書き出すことで買っても着ない理由が明確になり、
失敗しない買い物ができるようになります。

あまり着ないアイテム	色	あまり着ない理由
シャツ	白	アイロンが面倒ですぐ着られない状態になっていることが多いから
ワッフル素材のロングTシャツ	アイボリー	カジュアルすぎて上手くコーディネートできない
ダウンベスト	グレー	コーディネートが思いつかず何年も着ていない
スウェットパーカ	白	サイズがタイト。おしゃれなコーディネートが思いつかない
デニム	薄いブルー	今っぽくない気がしていて最近ずっとはけない
ボーダーニットワンピ	グレー×ネイビー	ひざ丈で着づらい。重ね着できればいいのかも？

アイロンが必要なアイテムは次から買わないってこれでわかる！

トレンド好きなことが前ページでわかったから今っぽくない薄色デニムはサヨナラを。

あなたが今、処分すべき５つのアイテム

よく着る・着ないアイテムが判明したら着ないアイテムは処分しましょう。
その判断がもしつかないなら、下の５つをチェックしてみて。

item
1 ▸ 破れている服、ボタンがとれている服、シミがついている服、襟ぐりがヨレヨレの服

››› これからも着ることはありません！活用できるなら掃除に使いましょう。

item
2 ▸ 今の体型に合っていない服

››› いつか着られる日が来るかも……の“いつか”は来ない！

やせないから
捨てて大丈夫よ♡
もしやせたなら
頑張った自分に
ご褒美で新しい服
を買って！

item
3 ▸ プレゼントされたけど着ていない服

››› その服がなくてもちゃんと人間関係は続きます。
続かないならそれまでよ。

item
4 ▸ 今のライフスタイルに合わない服

››› あなたは未来へと変化し続けてるんだから！

私も子どもが20歳
すぎてるのに子どもと
公園で遊ぶ用の服が
あってゾッとしたわ！

item
5 ▸ 嫌な思い出のある服

››› 幸せな気持ちにならない服は必要ナシ！

必要な服がこれで見えてきたでしょ〜！

着まわせますか？3

グレーパーカ

[GRAY HOODIE]

着回し 1

シックな黒タイト
スカートとモノトーン
合わせで大人カジュアル

ご近所コーディネートにならないように大人のアイテムであるタイトスカートを投入。バッグや靴もモノトーンでまとめると、ラフになりすぎずテイストMIXされて今っぽさが出ます。

着回し 2

シャツINで旬な
重ね着が完成！
小物でトレンドを

きちんと感のあるシャツをインナーに重ねれば、旬なレイヤードスタイルに。パーカのラフさと程よく調和。バッグは今シーズンのトレンド、キラキラシルバーを合わせればパーフェクト。

着回し 3

上からジャケットを
羽織ってインナー使い。
パーカの応用スタイル

パーカは中にTシャツやシャツを入れるだけではなく、インナーとしても活躍。ジャケットのほかに、ジレやシャツワンピなどを羽織ってもOK。きちんとアイテムがカジュアルダウン。

その服、最低3パターン

シャツワンピ

［ SHIRTS ONE-PIECE ］

着回し 1

まずは前を閉じて シンプルに。黒のダブル 小物でコドモっぽさ回避

1枚でサマになるシャツワンピ初級編の着こなしは、そのままワンピとして着ること。小物で印象が変わるから、黒で大人っぽさをキープ。

シャツワンピース／クーム

着回し 2

スウェットを重ねて スカート見えで アレンジ

スウェットやニットを重ねることでワンピじゃなくスカートのように見せるテクニック。グリーン×ネイビーの配色が上級者っぽい。

シャツワンピースは着まわし

着回し 3

前を開けて羽織りとして、ラフなTシャツ＋ デニムが今年らしく

ボタンをあけて着ればワンピから羽織りアイテムへチェンジ。インナーはデニムパンツだけじゃなく、ロングスカートでもOK。

シャツワンピースは着まわし、Tシャツ、デニム／ともにクーム、バッグ／オーカ

フク活

COLUMN

服のスタイリストである私がヘアとメイクが重要と言うワケ

ファッションはトータル。全身を鏡で見たとき、洋服を着た体の上に顔があるでしょ。だからファッションは頭からつま先までと考えてほしいんです。たとえシャネルを着ていても、髪がバサバサでいつ美容院に行ったかわからないヘアスタイルなら素敵に見えない。決して流行りの髪型をして！と言っているわけではなく、ツヤや潤いをキープしたヘアスタイルのほうが確実に洋服をよく見せてくれるからなんです。

年を重ねるとどうしても顔がぼんやりしてくるからメイクも眉、チーク、リップだけは手を抜かないように。なぜかっていうと、せっかくトレンドをとり入れた着こなしをしてても、すっぴんに近いメイクだったら〝頑張って着ている〟感じになるんです。洋服と顔がチグハグになってはもったいない。

だからこそ、自分の顔を見る習慣もつけましょう。健康的に見えるように、今日の自分はどんな感じ？と自分を観察しましょう。そうすることで自分が整ってきますよ！

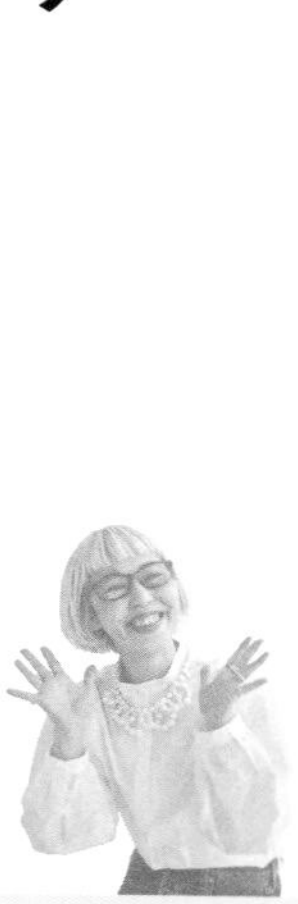

Chapter – 01 フク活

良かれと思ったことが実は逆効果!?

老けて見えるのではなく、見せている

「今まで気に入っていた服が突然似合わなくなった」
「何を着ていいかわからない……」。
45歳をすぎるとこの問題が勃発する人多数！
いろいろやっていたことが逆に老けて見せる原因に
なっている場合も。“老け見え”から脱出できる
簡単レッスンスタート！

年齢を気にしすぎて
逆に守りに入ってない!?

全部覆わない！

大人こそ肌見せが必要です!!

隠せば隠すほど
オバ見えする
んだからねっ！

Ayamin Point

「もういい年だし……」と思って、肌を隠しちゃダメ！　それ、余計に老けて見えます。45歳をすぎたら肌見せはマスト。なぜって、若いころは勢いがあってなんでも似合うけど、年を重ねたらおしゃれに見せるワザである〝抜け感〟が必要になってくるから。**抜け感＝肌見せ**なんです。だから適度な肌見せは必要。どこをどう見せたらいいかわからないって⁉　見せる場所は簡単。**首・手首・足首・足の甲**。それならできそうでしょ。まずはそこから！　たとえばTシャツ＋テーパードパンツのとき、足元に何を合わせるかで抜け感が出るかどうかが決まります。スニーカーは×、足の甲が出るフラットシューズや足首が出るサンダルが○。小さく肌見せ（＝抜け感）を肝に銘じて！

☑ 首は出して鎖骨見せ

いちばん簡単なのは首を出すこと。シャツならボタンをはずして鎖骨見せを。Tシャツやニットも首の詰まりすぎているものより適度な開きがあるほうが抜け感が出てスッキリ。

AFTER

ボタンをあけて肌見せするだけ
何も変えずにおしゃれ！

ボタンをあけて襟を少し立てるだけ。同じシャツとは思えないほど見違え。絶妙なラフさが出ると同時にクールな雰囲気に。

BEFORE

シンプルな白シャツのボタンを全部閉めると、とにかくマジメな印象。もはや制服か面接を受ける人にしか見えない。

手首を見せて「ヤボったい」からの卒業

首と同時に出したいのが手首。隠すことで安心感が得られるかわりにヤボったさがつきまといます。
難しく考えず無造作に袖をまくるだけで、シャレ感も手に入る！

AFTER

鎖骨や手首の細い箇所を
見せるだけで着やせにも

袖をまくるだけで、抜け感だけでなくきゃしゃさも出ていいことずくめ。滑り落ちる素材のブラウスはヘアゴムを使って留めても。

ブレスレット／オーカ

BEFORE

きちんとした印象はあれど、今っぽさはゼロ。生マジメな印象だけが残り、おしゃれさとは無縁の着こなしに……。

いちばん細い足首を出して、足の甲は隠さず

脚の中でいちばん細い足首を見せることで、全身バランスもUP。
重たい印象が回避されて軽さも。
サンダルやフラットシューズで“足首を出して甲は隠さず”が基本！

AFTER

肌を覆わない足元をつくれば
軽さが出てバランス◎

足首見えのパンツにヌーディーなサンダルで肌見せすれば、一気に抜け感が。この小さな差が着こなしに大きな違いをつくる。

パンツ／クーム

BEFORE

レングスが長めのワイドパンツにローファーだと、まるで制服状態。肌が１ミリも見えないと、もっさりした雰囲気に。

“アクセサリーは出かける前にひとつはずす”

アクセサリーは、とりあえずつけていればおしゃれになると思っている人が多い。だけど、実は**つけすぎたらダサくなる**、意外な落とし穴があるのです。たとえば左の写真のように大ぶりイヤリングに重ねづけしたネックレス、加えてリングをつければもうそれはおなかいっぱいでトゥーマッチ。つけすぎかどうかの按配がわからない人は、出かける前にひとつだけはずしてみて。そうすることで、大抵はつけすぎからちょうどいいバランスになるから。**何もつけないのはただの地味**だけど、顔や首のまわりをゴテゴテ飾りすぎるとおばさんっぽさが加速するから注意が必要。帽子をかぶったりメガネをかけたりしているときも、それはアクセサリーのひとつだと心得て！

BEFORE

顔まわりの大ぶりイヤリング、二重につけたネックレス。主役がふたつあると、つけすぎ注意報が発令。コテコテに飾った印象に。

AFTER

シンプルブラウスの
アクセントに最適バランス！

二重につけたネックレスをひとつはずせば、インパクトはありながらごちゃごちゃ感はナシに！　潔くひとつはずしてバランスよく。

ロングネックレス（参考商品）、イヤリング （参考商品）、リング／すべてアデル ビジュー　ミックスパールネックレス／オーカ　ブラウス／クーム

POINT

ネックレス、リングを
重ねづけしたときは、
ピアスやイヤリングは
シンプルめのものを
チョイスすれば
ナイスバランスに。

POINT

長短のあるネックレスを
二重づけ。シンプルな
デザインの場合、
重ねづけが程よく
アクセントに。胸元を
彩ってくれます。

POINT

リングはきゃしゃと主役な
ものを両手につけるのが
基本。きゃしゃなものだけ
だと結婚指輪にしか見えず
主役なものだけだとインパ
クトが強すぎるから。

ネックレス、リング／ともにオーカ　ブラウス／クーム

＼ あやみん的！ ／

大人マストな3つのアクセ

ツイストブレスレット／オーカ

ハメるだけ

ブレスレット

［ BRACELET ］

手首にはめるだけのタイプをセレクトすれば着脱が簡単！　きゃしゃデザインを重ねづけもアリ。

かぶる

ネックレス

［ NECKLACE ］

首の後ろで留めたりはずしたりする手間がなく、四十肩も気にしなくていいタイプのものを。

シルバーネックレス／オーカ　レザーペンダント、ムーンネックレス／ともにアデル ビジュー

ゴールドリング、シルバーリング／すべてオーカ　パールつきリング、クリアーストーンリング／ともにアデル ビジュー

すきまアリな

リング

［ RING ］

むくんだ指にも対応してくれる隙間のあるデザインのリングが優秀。デザインも豊富。

とりあえずこの
3つを押さえとこっ！

Q. 重ねづけどこまでOK？

リング

2or3つを重ねづけ！両手で重ねるのが旬

リングはとにかくジャラジャラつけること。ゴールドとシルバーをミックス、太めと細めを混ぜるなどルールにとらわれることなくなんでもOK。逆に片手にひとつだけだと中途半端で寂しい印象に。

リング／すべてオーカ ブラウス／クーム

ブレスレット

細め＆カラーを統一すればシャレ感が！

太めよりも細めが合わせやすいのでおすすめ。色はゴールドを選び、重ねづけすることからスタート。二連以上、三連以下が初級ルール。着こなしのアクセントときゃしゃな手首が同時に手に入ります。

バングル／すべてオーカ ブラウス／クーム

ネックレス

きゃしゃなものなら三連までOK

シンプルなデザインやきゃしゃなネックレスには重ねづけが効果的。最初はシルバーなど色を合わせて統一感を出すことからスタートすれば簡単。長さを変えて胸元を彩れば、一連よりも華やかさが出ます。

ネックレス／すべてオーカ ブラウス／クーム

Q. ネックレスとトップスの正解の組み合わせがわかりません！

タートルネック

地味を回避して主役なアクセを

首まで隠すタートルには、チャームが大きめのアクセサリーをチョイス。そうすることで上半身のアクセントになって間延びを回避でき、一気にアカ抜けます。ロングタイプだとバランスがとりやすく◎。

レザーペンダント／アデル ビジュー ハイネックトップス／クーム

Uネック

ネックレスでVラインをつくり立体感を演出

Uネックに同じUラインのネックレスはバランスが悪くNG。ペンダントトップがあるものを選んでVラインをつくり、立体感を出しましょう。シンプルなUライントップスがのっぺり見えずおしゃれに変化。

ネックレス／オーカ ブラウス／クーム

シャツ

襟があるから鎖骨を彩るシンプルが正解

襟がある分、主張の強いネックレスは避けて、シンプルなものを選ぶとごちゃっとせずバランス◎。ペンダントトップのデザインがあるものなら、小粒なものをセレクトするのが正解です。

ネックレス／オーカ

“年相応”ではなく“時代相応”でいく

Ayamin Point

「昔から好きなテイストは変わらない」「同じアイテムがずっと好きで着ている」ということは、もちろん悪いことではありません。だけど、何を着ていいかわからないから時が止まり、若いころに着ていた服をただなんとなく着ているのなら、それは断然変えたほうがいい。なぜなら、あなたはその時から更新がずっとできていないってことだから。たとえば若いころに読んでいたファッション雑誌のコーディネートやテイストを今も実践しているのなら、それはＮＧ。綿のブラウスとハンパ丈のパンツがずっと好きだとしても、**今は２０２４年で令和６年。**20代の頃から環境も考え方も体型も変わっています。それを素直に受けて入れてみましょう。似合うもの、好きなものが変わっ

みんな！
今、2024年だって
わかってる!?

ても不思議ではないし、ＯＫなんです。〝私には昔も今もこの服が似合っている〟という思い込みは捨ててみて。

　そしてそれとは逆に年齢という数字には関係なく、今のファッションの空気や流れ（＝トレンド）には乗ったほうがいい。それがあなたを素敵に見せてくれる近道だから。「もう45歳だから、50歳だから、トレンドの服は恥ずかしくて着られない」と思っていることが時代不相応。トレンドは、とり入れ方しだいで何歳になっても素敵に見せられるのです。だから**年相応は不要だけど、時代相応は必要！**　年齢という物差しで着るものを狭めてしまうのではなく、今の時代に少しだけ敏感になり、部分的にでもトレンドをとり入れてみましょう。〝昔も今も私は私、変わらない〟というマインドではなく、年齢とともに日々更新し進化する私でいよう！と思うこと。洋服やメイク、髪型に自分の思い込みという壁をつくるのではなく、壁をなくすこと。そうすることであなたも知らなかった新しい自分に出会えるはずです。

バケハだけは
NGよ。あれは
若者の特権！

“帽子は良い影と小顔をつくり、白髪や薄毛を隠す”

Ayamin Point

45歳をすぎると、ほとんどの人が実感する白髪や薄毛などの髪の悩み。そんなときこそ帽子の出番。帽子は地味な着こなしをセンス良くしてくれるだけじゃなく、白髪や薄毛を隠し、さらに顔に良い影をつくり小顔にも見せてくれる。実は万能選手なんです。だけどただかぶればいいわけじゃない、選び方とかぶり方は間違えないで。

選ぶときはレザーやベロア、ウールなどの大人で上質な素材を。コットンはカジュアルすぎたり老けて見えるから、避けたほうがいい。浅くかぶるとただただダサくなるから、顔に影ができてるくらい深く！　帽子をかぶるといいことだらけ。気恥ずかしいなんて言ってないで、明日からとり入れてこ！

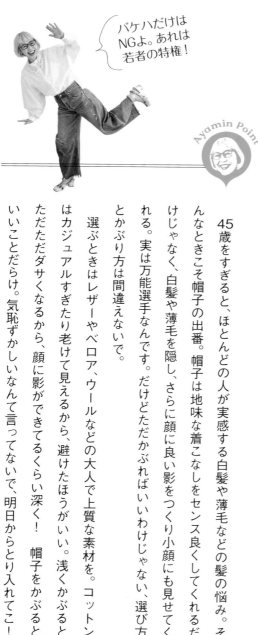

大人の帽子選びのコツは

POINT 1 — **レザーやベロアなどの大人素材**

POINT 2 — **色は黒or白オンリー**

POINT 3 — **装飾ナシのシンプルデザイン**

キャップ

[CAP]

帽子初心者はまずキャップを。デザインのない無地でシンプルなものがおすすめ。

ハット

[HAT]

つばつきのハットもシンプルな着こなしに鮮度をくれる優れもの。クールな印象をくれる。

黒のキャスケット、白のハット／ともにココシンクスタイル

item : HAT

デニムのラフな着こなしにハットを加えるだけで“おしゃれ！”な人に変化。ひとつ足すだけで脱フツウだからシンプル服の日ほどかぶるべき。

頭にちょこんとのせただけの状態はNG。浅くかぶるとファッション要素が薄れ、ただの日よけアイテムに見えてしまう。

item : CAP

深くかぶると顔に陰影ができておしゃれ感が。黒のキャップなら引き締め効果で顔まわりも小さくなり、いいことずくめ。

浅くかぶると顔が大きく見えるだけでなく、なんとなく間延びした感じに見えてしまう。シャープな雰囲気とは程遠い状態に。

帽子ひとつで全身バランスも変わる！

HAT

OK

ハットひとつで普段着↓
おしゃれ！と呼ばれる人へ

CAP

OK

全身のバランスがよくなり
モードな雰囲気をプラス

〈上〉ハット／ココシンクスタイル　デニム／Gap　〈左〉ボーダープルオーバー／クーム　スカート／プラスオトハ

おばさんコドモ脱出のカギは丈を変えるだけ

おしゃれに**重要なのは丈**。たとえばスカート。昔から好きだからといって頑なにひざ下丈スカートをはいてる人、それはもう終わりにしましょう。年齢とともにヒールの靴もはくのがつらくなってきて、ひざ下丈スカートにぺたんこ靴という究極に相性が悪いコンビになると手がつけられない。

今のトレンドはロングｏｒミニ。若いころに好きだったテイストやアイテムをなかったことにして！とは言わないけど、全部時が止まったままだと**古くさくてアカ抜けないおばさんコドモ**ができ上がってしまう。だから丈には今っぽさを入れて。さすがにミニをはいてとは言わないから、足首までのロング丈にしてシンプルな白スニーカーを合わせるだけですべて解決よ。

丈を変えるだけで
今っぽい。足元は
スニーカーでも
バランスOK

OK

NG

ご近所ルック
に見えるし、
脚も太く
見えがち

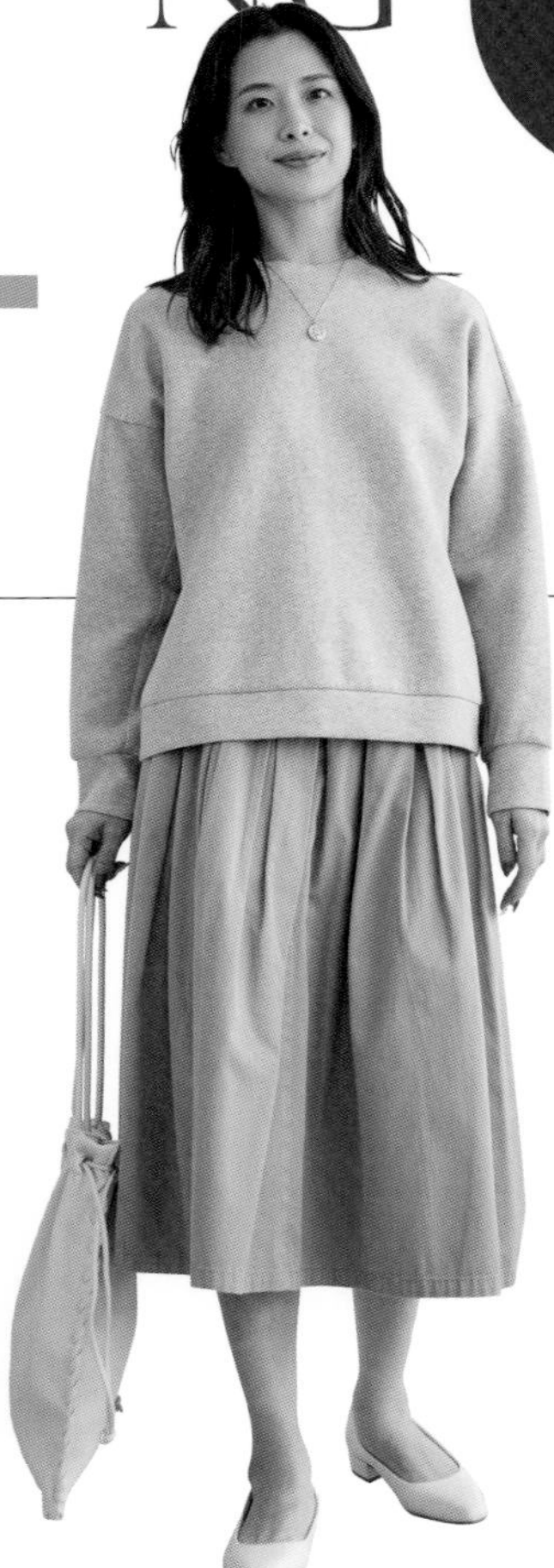

同じニュアンスのベージュスカートでもロング丈にするだけで一気にアカ抜け！　さらにツヤ感のあるサテン素材だとベスト。全身も縦長に見えてスタイルアップもかなう。

ひざ下丈だとどことなく懐かしい雰囲気に。さらに脚がいちばん太く見える丈でもあるので、バランスをとるのも難しい。バッグと靴を白で合わせても洗練された印象が乏しい(泣)。

スウェットプルオーバー／クーム　ネックレス／オーカ

”カーディガンは着るよりかけるが効果的“

45歳をすぎて**カーディガンを着ると、大抵老ける**んです。なぜって体のラインも如実に出るし、着るとマジメに見えるアイテムだから。カーディガンは、ボタンを留めて着るという思考から抜け出してほしい。重ね着も絶対必要になってくるから、着くずすのが難しいアイテムなんです。だから45歳をすぎたらカーディガンじゃなくてジャケットをすすめています。そのほうがカッコよくキマりやすいし、インナーはラフなTシャツからシャツまでなんでも合うから。それでもカーディガンが家にたくさんあるし、寒さ対策で持っていたいって人は、**着るんじゃなくて「かける」「巻く」**。アンサンブルはアンサンブルとして着ない！を徹底しましょう。

カーディガン3段活用

巻く

ちょうどいい肌見え感で洗練された印象に！

肩がけをしたら、次のステップは袖を胸元で巻いてみましょう！気になる二の腕も隠れ、おしゃれに見えて一石二鳥。これは秋冬も使えるワザ。

肩がけ

そのまま着ないだけでフランクな印象

ボタンを全部はずして肩にかけるだけ。それだけでラフで今どきっぽさが出ます。これなら寒さ対策にもなるしインナーももこもこしない。

着る

ALLボタンを閉めて着ると優等生風

２色使い、シースルーなどトレンド要素が入ったカーディガンはシャレ感はあれど、きっちり着ると今っぽくはならず……。堅苦しくなりがち。

カーディガン、ノースリーブニット／ともにクーム　スカート／プラス オトハ

“45歳以上のデニム問題どうする？”

デニムは3〜5年で更新しましょう。もしそれより前に買ったデニムをまだはいている人は、なんだか古い人に見えちゃってます。数年前に流行った**ロールアップも卒業**して。それ、もう終わってます。同じくスキニーもサヨナラを。今着るならワイドかセミフレアの2択。センタープレスが入ったキレイめに見えるデザインなら、なお良し！　ラフなTシャツを合わせても、ちゃんと大人カジュアルに見せてくれるから。そして**デニムはケチらない**で。ある程度高いもので計算し尽くされた立体的デザインのほうが、たるんだおしりをどうにかしてくれます。年をとればとるほど難易度が高くなるデニムも、やっぱりあると便利だからこれで攻略。

OK
NG
ARIGATO.
ARIGATO.
ワイドシルエットなら
脚の形を絶妙に
ごまかしてくれる
フルレングスだから
バランスをとりやすく、
ぺたんこ靴でもOK
脚のラインが
くっきり出て
体型が丸見え
ロールUPは
脚が短く見える
リスクが

腰の張りやおしりの形をも隠してくれる優秀ワイド。トップスの真ん中だけINすれば、さらにスタイルアップがかないます。デニムの色はブルーでもブラックでもなんでもOK。

数年前に全盛だったスキニー。脚の形が丸見えだから、よほどの美脚じゃない限り、ヒールがないと体型をごまかしきれず厳しい。スキニーにロールアップは懐かしさしかない。

Tシャツ／プラスオトハ　ネックレス／オーカ

フク活

COLUMN

毎日のコーディネートは靴から。そうするとイライラしないし、慌てない

靴はその日の予定や行く場所、天気によって決めるもの。たくさん歩く日にパンプスしか合わないパンツを選んだら、結局また最初からコーディネートを練り直し。靴とボトムはセットなのです。たとえば雨が降っているからショートブーツにスカート、いろいろな場所に電車で行くから歩きやすいスニーカーとパンツという具合。そこに合わせるトップスはきちんとしたいならシャツ、ラフでいいならTシャツという感じで、下から上へと決めていく。そうすると迷わないで済みます。

だからこそ、靴は最初に決めておくべきなのです。服から決める人が多いでしょ。それを明日から変えてみて。玄関でのイライラも、時間のロスもなくなります。

年齢とともにヒールを履けなくなった、外反母趾でパンプスは無理っていう女性が増えています。靴の選択肢が狭まってしまうのは致し方ない。だからこそ、靴から決めればラクなんです。

これで合う靴がない！って最後に慌てることは、今日で終わりにできそうでしょ。

Ayamin Magic
Fashion technic

Chapter – 02 フク活

隠せば隠すほどドツボにハマる…

体型はごまかすのではなく、受け入れるとやせる

年々言うことを聞かなくなるのが体型。くびれがなくなりつつある
ウエストや体重増加など、数え上げたらキリがない。
それを服で覆い隠せば隠すほど実はずんどうで太って見えるのです。
今の自分から目を背けず、理解して受け入れてみて。
そうすればどこをどうすればいいか対処方法がわかってくるから。
今の自分もなかなかいいじゃん！と思えるはず。

やせ見えテクを
伝授するわ♡

”自分のサイズを疑う“

「標準体型だからM」「ぽっちゃりしているからL」が実は間違っていることがあります。普段Mのパンツをはく人でも細身のパンツならSで、ワイドパンツはLのほうがシルエットがキレイに見えることがあるのです。特にシンプルなデザインであればあるほど普段着るサイズの上と下、合わせて3つのサイズを試してみるのがおすすめ。たとえばいつもMなら、SとLも試着をしてみましょう。細身のパンツだからSだとキツいと思っていたけど試着をした結果、このサイズがいちばんキレイに見えたっていうことも多いのです。そのほかにも、この服はぴったりよりもオーバーサイズで着るほうがシャレて見えるということもあります。そんなときはLサイズがちょうどいい。だ

決めつけサイズからの卒業よ！

から面倒だけど、そこは手を抜かないで。複数サイズの試着をしてみるのとしないのとでは、着こなしの全身バランスが全然違います。

以前、ショッピングレッスンをした方で、自分はMサイズがちょうどいいと思っていた方がいました。意外と肩がガッチリしていたのでLサイズのトップスをおすすめしてみたら、窮屈そうに見えたMサイズに比べて、Lのほうが断然着やせして女性らしくなったということがありました。

複数試着のブランドは、ユニクロがおすすめ！　サイズが豊富で全国にあるから、自分にとっていちばん合うサイズを見つけやすいのです。

面倒がらずに試着をいろいろしていると、自分の体型の特徴もつかめてくるので、着やせのコツもわかっていいことずくめ！

アイテムによって、選ぶサイズを変えること。そして、私のサイズは「○」という固定観念をなくしてみましょう。そうすることで、新しい服との出会いが見つかり、コーディネートの幅が広がることがあるのです。

”全身バランスのとり方は体型が知っている“

おしゃれに見せる秘訣は全身バランスっていうけど、その正解がわかりません！と言う人は多いです。そこで出てくるのがあなたの体型のタイプ。いわゆる骨格診断ですね。ここではわかりやすく、「逆三角形」「長方形」「ひょうたん」の３つに分けました。自分がどのタイプに当てはまるかがわかり、それをベースにすればスタイルアップして全身バランスも良くなります。逆三角形なら真ん中に重心、長方形なら肩がしっかりしているので下に重心、ひょうたんは下半身が重たいので上に重心が基本。いろいろな服をあれこれ着てみなくても、自分を知っていれば似合うものがわかるようになるのです！　左にあるチャート診断でまずは自分を知ることから始めてみて。

自分でできる体型診断

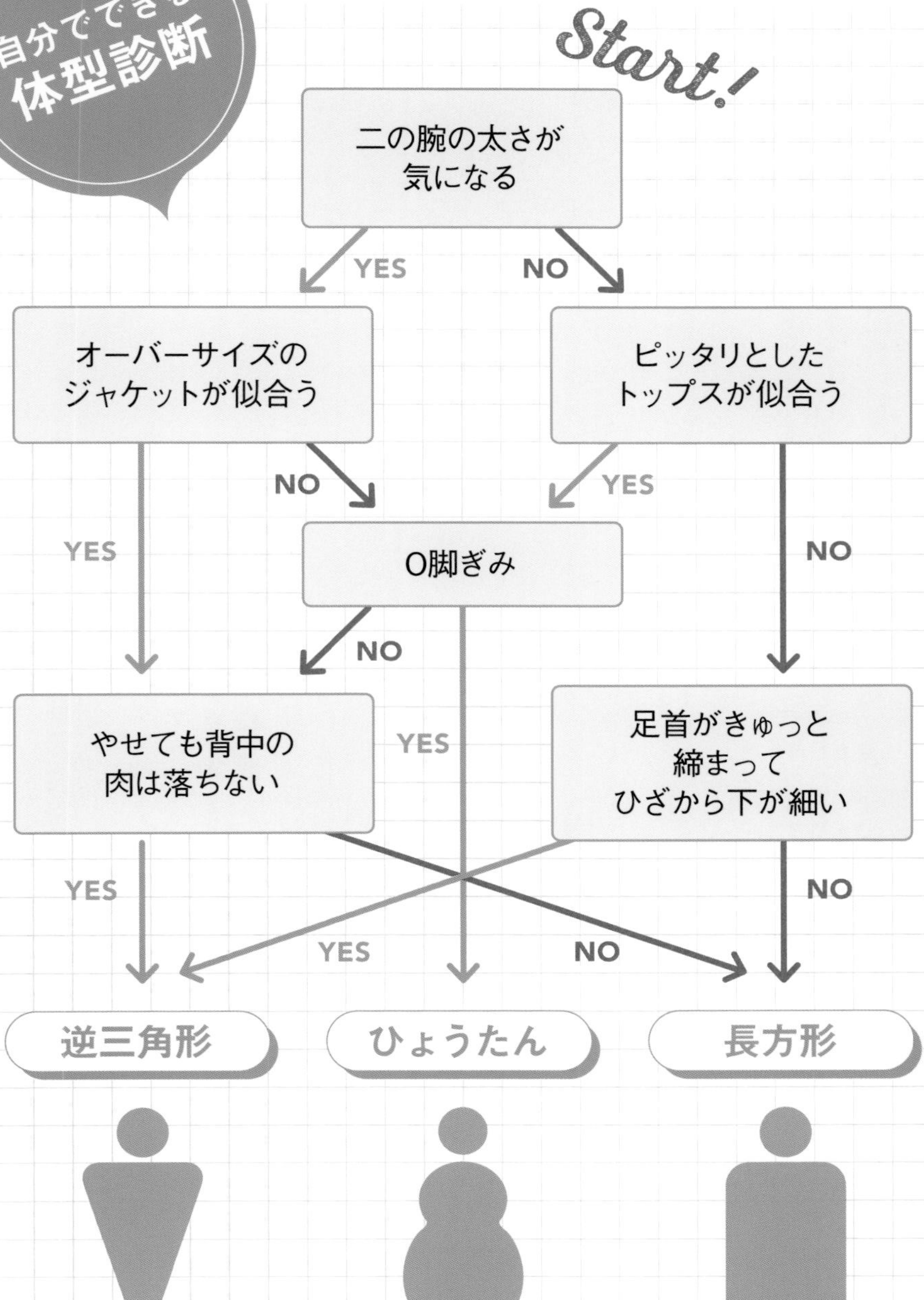
Start!
二の腕の太さが気になる
YES
NO
オーバーサイズのジャケットが似合う
ピッタリとしたトップスが似合う
NO
YES
YES
O脚ぎみ
NO
NO
YES
やせても背中の肉は落ちない
足首がきゅっと締まってひざから下が細い
YES
NO
YES
NO
逆三角形
ひょうたん
長方形

3タイプの特徴

Type _ 03

ひょうたん

特徴

- 首が長め
- 上半身が薄く
  きゃしゃ
- 下半身に脂肪が
  つきやすい
- O 脚
- 手のひらが薄い

似合うアイテム

- ショート丈ジャケット
- ギャザースカート
- ハイウエストパンツ
- ブラウス
- 丸首カーディガン

Type _ 02

長方形

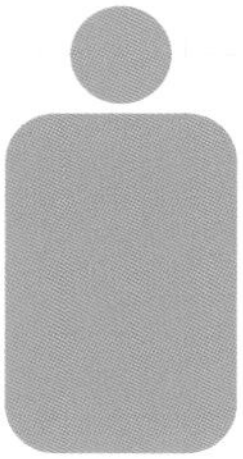

特徴

- 関節が大きく
  骨太な印象
- 鎖骨と肩甲骨が
  目立つ
- いかり肩
- 指の関節が目立つ
- 膝の骨が大きく
  前に出ている

似合うアイテム

- ロングコート
- オーバーサイズシャツ
- スウェット
- マキシ丈スカート
- ワイドパンツ

Type _ 01

逆三角形

特徴

- 首が短め
- 鳩胸
- 背中に肉が
  つきやすい
- 膝の骨が小さく、
  膝下がまっすぐで細い
- 手のひらに
  厚みがある

似合うアイテム

- テーラードジャケット
- タイトスカート
- センタープレスパンツ
- V ネック
- シンプルなシャツ

☑ ニットならこう着る！

［ひょうたん］

ウエスト位置を高くして下半身をスマートに見せる

ひょうたんさんはパフスリーブニットで上にボリュームを。さらにショート丈ニットでウエスト位置を高く設定すればOK。

ネックレス／オーカ

［長方形］

下に重心を持たせてがっちり肩をカバー

肩まわりがしっかりしているタイプだから、下半身にボリュームがくるようなマキシスカートだとバランスがとりやすい。

ネックレス／アデル ビジュー

［逆三角形］

上にボリュームがあるのでVでスッキリ見せ

逆三角形さんは、上半身に厚みがあるので縦に長く見せるのが着やせのコツ。タイトスカートは得意アイテムだからぜひ試して。

ネックレス／オーカ

“1枚で”“重ね着用に”など、着方でサイズを変えたほうがいい白T、白シャツ。究極のシンプルアイテムだからこそ、サイズにこだわるとおしゃれに着こなせます。ユニクロの白T、白シャツで検証してみました！

item : White T-shirt

Lサイズ

トレンドのオーバーサイズ。すっきりボトムと相性良し！

Mと比較すると身幅や丈に差があり、ざっくり着たいときはこちら！　タイトなボトムのときにあえてLサイズを着るとバランス良し。

Mサイズ

体につかず離れずの万能サイズ。パンツ・スカート両方合わせやすい

Sサイズと比べると丈にはほとんど差がなく、身幅に多少の余裕あり。1枚で着こなしやすいシルエットが魅力。1枚持っていると便利。

Sサイズ

正面

横

ぴったりサイズで重ね着用に適役。ニットやパーカからチラ見せ

体に沿うサイズは、1枚で着るのはアラフィフにはなかなか厳しい。だけど重ね着用インナーとして威力発揮なので1枚は持っていて損なし。

白T・白シャツの正解サイズ早見表

item : White shirt

XLサイズ

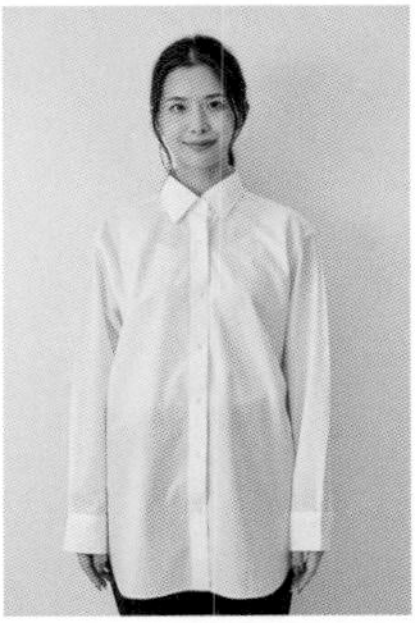

**オーバーサイズ
で着るなら
LよりXLで
旬なバランスに**

XLといっても大きすぎることなく、体が程よく泳ぐサイズ。オーバーサイズで旬な着こなしになるから春夏には活躍する一枚。

Lサイズ

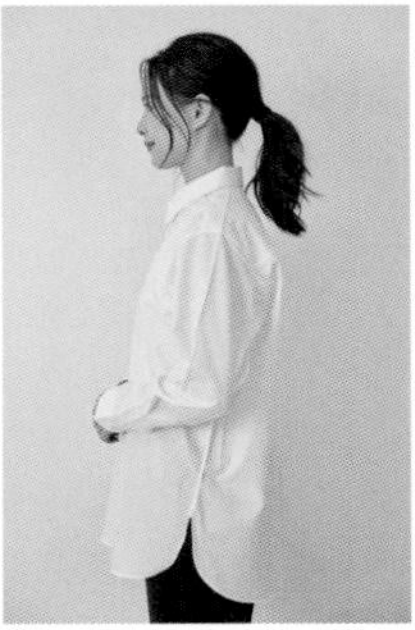

**余裕のある
シルエットで
中に重ねて
羽織りとして活躍**

シャツと体の間に余裕や隙間ができるから、実は着やせ効果のあるLサイズ。大きすぎることはないので、1枚でも羽織りとしてもOK。

Mサイズ

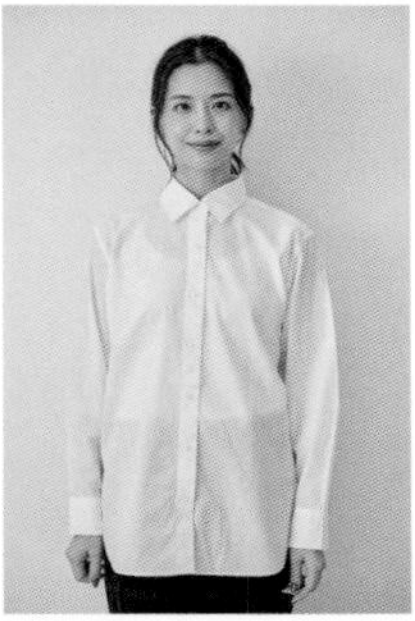

**程よくゆったり、
でも大きすぎない
が魅力の
サイジング**

Sサイズほどピッタリしたくはないけど、ある程度余裕は欲しい。そんなときはMサイズが便利。1枚でも重ね着でもOKな便利サイズ。

Sサイズ

**レイヤードしやすい
コンパクトサイズ。
重ねても
もたつかない**

重ね着用のインナーとして使うだけじゃなく、タイトなシルエットで着こなしたいときにも活躍。流行のビスチェとも相性良し！

\ 白T・白シャツは /
着方しだいで素敵に見える

[White shirt]　[White T-shirt]

白シャツに
合わせたワントーン
スタイル。
バッグも色を
そろえれば全身
にまとまりが
1枚で着るときは
体のラインが出ない
サイズをチョイス
シンプル白だから、
キレイ色スカートが
派手すぎずおしゃれに
白バッグ・スニーカー
でまとめれば
洗練された印象に

白シャツは、デニムや黒パンツなどのド定番と合わせるとおしゃれに着こなすのが難しい。だからトーンを合わせたパンツでセンスよく。小物まで統一を！

パンツ／クーム　ネックレス、バングル／ともにアデル ビジュー

シンプル白Tは、キレイ色スカートとベストな相性。カラフルボトムがはきたいけど何を合わせていいかわからない人は、まず白Tから！　どんな色にも合わせやすい！

スカート／クーム

〝あなたのおなかは誰も見ていません!!〟

体型を気にして、とにかくおなかまわりを隠していませんか？　残念ながら、それは逆効果。ウエストの位置をあえて消すようなダボッとした着こなしは太って見えるし、老けて見えるんです。その理由は、男性にはない**女性の特徴を消している**から。若いころと比べて、くびれてなくたっていいんです！　とにかく**くびれを偽造**すればいいんです！　やり方としてはまずはトップスＩＮ。全部ＩＮするのではなく、真ん中だけ。ＩＮするのがイヤならおへそまでの丈のトップスを選べばＯＫ。チュニックならベルトでブラウジング。〝**ウエストは大体この辺にあります**よ！〟っていう感じで目安をつくるコーディネートを考えると、全身バランスが整います。

How to choose tops : トップスの選び方

横から見ると
首元をあけて少しだけ肌見せすることもお忘れなく！

POINT 1

丈はおへそのあたりを選べばなんとなくのずんどうを回避

POINT 2

張りのある素材なら気になる体のシルエットをうまく隠してくれる

POINT 3

前後差のあるデザインならベスト。ヒップを隠して後ろ姿美人に

張りのある素材だから横から見てもおなかまわりが気にならず、堂々と歩けます。ぽっこりおなかをなかったことにしてくれる！

腰まわりまで全部覆ってしまうトップスではなく、それより短い丈をセレクトすればスッキリ見え。パンツでもスカートでもルールは同じ。

シャツ／クーム　パンツ／プラスオトハ　ネックレス／オーカ

Waist balance :

ウエストINのバランス

OK

中央だけINで
くびれづくり。
脚長に見える

NG

ヒップを隠す丈を
そのまま着ると
一気にずんどう

トップスINをすると、しないよりも腰まわりがすっきり＆脚長に見せる結果に！　真ん中だけINはぽっこりおなか隠しにも◎。

カットソーをそのまま着るとご近所ルック状態に。おしゃれ感もなくなり、上と下で１対１の割合がのっぺり見える原因に。

パンツ／クーム

“骨格診断に振り回されない”

骨格診断の本来の意味を知って楽しく服を着よう

Ayamin Point

骨格診断は、自分の体型を知るためのひとつの手段でしかない。〝診断〟とついているから出た答えが正解だと思う人が多いけど、決してそうではありません。たとえば逆三角形（ストレート）タイプは似合うアイテムがVネック、とあればVネックしか着られないと思わないで。逆三角形タイプは上半身に厚みがあるからそれが出ない服を選べばいいだけ。それと同時に下半身がすっきりしていて脚がキレイに見える特徴があるから、それを活かしたテーパードパンツなどをはくと長所を活かせる。ひょうたん（ウェーブ）タイプはほかにはないカーヴィーなボディラインを活かした服を着ればいい。長方形（ナチュラル）タイプは肩がしっかりあるからオーバーサイズが得意。い

かり肩が短所ではなく、それが活きる服を着る。具体的な◯◯を着ること、◯◯を着ないことだけを鵜呑みにしないようにしましょう。**診断の答えが100%正解ではなく**、頼りすぎないことが大切。ポジティブに転換してほしいです。

ではなぜ骨格診断があるの？と思いますよね。たとえば素敵なインスタグラマーの着こなしを真似して同じ洋服を買っても、自分が着てみると「あれ？イマイチ……」なんてことがあります。それは骨格のタイプが違うから。そこなんです、骨格診断が必要なのは。〝なぜ違う〟か、その根本がわかっていれば、ただ真似をすることもなくなります。

骨格診断は正解なのではなく、自分を知るため。診断結果を知ってそれを理解し参考にすることは必要だけど、正解は自分の中にあるんです。だから結果がすべてだと思わず、惑わされないでほしい。結局は**自分自身をよく観察する**ことなんです。ポジティブとネガティブの両方を含めた自分の体型がわかっていれば、服選びに迷うことがなくなっていくはず。そうすると服を着ることが楽しくなっていくんです！

〝メンズを着るという発想をもつ〟

〝似合う〟を見つけるには、**レディース服の中だけで生きない**で！　女性だからという固定観念で着る服の範囲を狭くするのはナンセンス。今、女性と男性のどちらにも合うジェンダーレスブランドもたくさんあります。肩ががっちりして、窮屈そうにレディース服を着ている人がメンズ服を着ると、シルエットに余裕が出て途端に女性らしく見えることもあるんです。**頭の切り替えは大事**だと、57歳だからこそ痛感します。選択肢は婦人服だけと思うのではなく、視野を広げてメンズ服にも挑戦してみて。おすすめはGUやGap。シンプルデザインでシルエットがキレイなものが多いから年齢を問わず着られるし、ロープライスだからメンズ服デビューにはもってこいです。

まずは
この2つ
から

item :

メンズパーカ

オーバーサイズ
だからこそ今っぽい
ラインが完成

item :

メンズシャツ

気になるおなか
やヒップを隠す
絶妙サイズ

Men's Shirts

Men's Hoodie

⬆ジャストサイズのパーカだとカジュアルさが強調されて、単なるラフな着こなしになりがち。ざっくり着られるメンズサイズだからスカートの甘さも引き立つ。

パーカ／Gap

⬅重ね着で羽織りとして着るなら、大きめメンズシャツはもってこい！　タイトスカートを合わせれば、全身を縦長に見せてくれる。

ボタンダウンシャツ／Gap

おすすめはGUのメンズ！

**メンズアイテム初心者にまずおすすめのブランドは、GU。
シンプルでシルエットも着こなしやすいのが魅力。
この春おすすめのGUアイテムを
あやみん先生がご紹介します！**

パーカ＆スウェット

［ HOODIE ］

絶妙なニュアンスカラーがポイント高いパーカ。ストンと落ちるシルエットが着るとキレイ。

ニット

［ KNIT ］

シンプルなVネックのニットはどんなボトムとも相性良し。黒のニットは透け素材で重ね着を楽しめる。

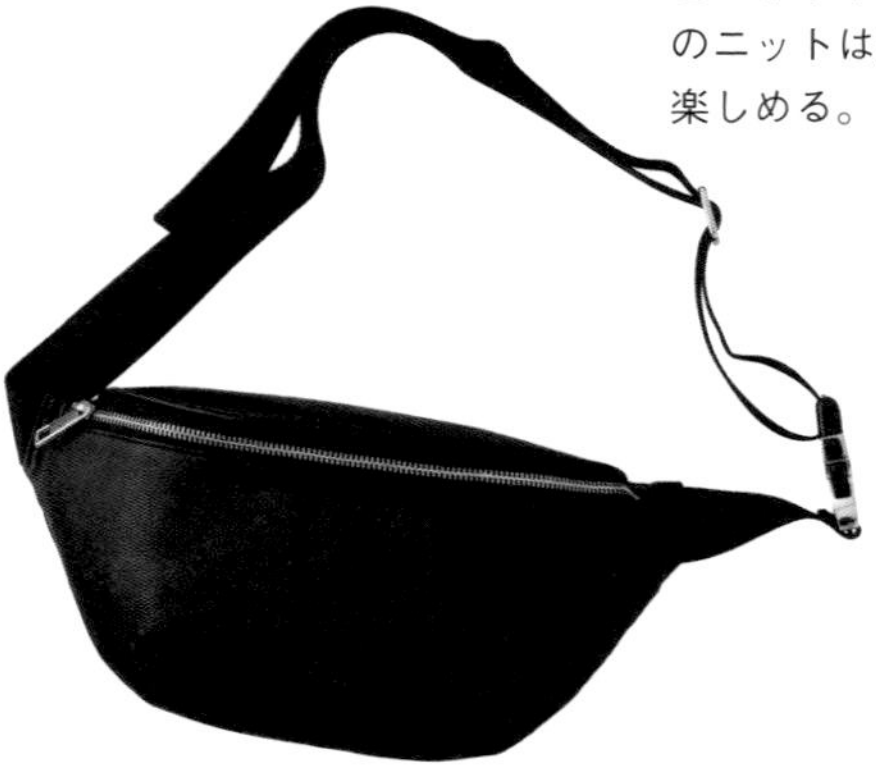

バッグ

［ BAG ］

リアルレザーで作りがしっかりしたショルダーバッグ。サイズ感がちょうどいい。

Chapter 03 フク活

いつも地味色ばかり着てしまうあなたへ

色を味方につけると着こなしが劇的に変わる

「キレイ色を着る勇気がない」

「そもそも何を買ってどう合わせればいいかわからない」

そんなお悩みに、カラーアイテム大好きなあやみん先生がすべて答えます！　簡単ルールを知って、キレイ色をとり入れるだけで着こなしが別物に変わります。

地味色人生から
サヨナラしよ！

“2色は上品、3色はおしゃれ”

1色は見た目が
壁になりがち。
流行でもあるけど
難易度も高い！

色使いは2色だと上品、3色ならおしゃれになります。2色はキレイにまとまって品をつくってくれる。そこにもう1色足すことで、フツウの着こなしから抜け出せておしゃれになるんです。3色目は、小さなアクセントカラーでOK。たとえば黒と白のモノトーンの定番着こなしに、黒の靴を合わせるのではなくピンクをセレクト。ピンクが派手に見えるのではなく、黒と白のいつもの服が見違える。3色目はその役を担っています。

ちなみに1色ワントーンの着こなしは流行ってはいるけど、濃淡の合わせ方が難しくて失敗する危険も。3色のコツをつかめば、色の合わせ方が楽しくなるだけじゃなく、〝あの人おしゃれ〟になれるんです。

[3色]

▼

color :

GRAY　BEIGE　GREEN

右の２色の着こなしのバッグだけをグリーンにチェンジ。そうするだけで全身の印象が洗練。服は同じなのにバッグひとつで変わるから、まずはここから試して。

セーター／Gap　パンツ／プラスオトハ　ネックレス／オーカ

[2色]

▼

color :

GRAY　BEIGE

淡いベージュのニット×グレーパンツの２色使いの着こなし。バッグもパンツに合わせてグレートーンでそろえれば、大人のシンプルスタイルのでき上がり。

セーター／Gap　パンツ／プラスオトハ　ネックレス／オーカ

[1色]

▼

color :

GRAY ONE TONE

グレーワントーンは今っぽさ抜群。濃淡をつけ、素材を上下で変えているからハイセンスに。色のトーンをそろえるからこそ、微差にこだわったテクニックが必要。

パーカ／クーム　中に着たカットソー／Gap　パンツ／プラスオトハ　ネックレス／オーカ

3色コーデの法則

LEVEL 1

3色目は小物でカラフルに

color :

LIGHT GREEN　NAVY　+　YELLOW

パステル調の淡い色にするとカラフルバッグが引き立つ

トップスは淡く、パンツは濃くでメリハリを。上下で濃淡をつけた着こなしにパキッとしたイエローバッグをプラス。華やかさとシャレ感が同時に手に入る。

シャツ／クーム

color :

BLUE　BROWN　+　RED

シャツの素材と変えてあえてレザーを投入

シャツ＋スカートの着こなし。上下で素材を変えると色使いが目立ちすぎずさらにシャレ感も出る。鮮やかな赤を小さく足せばスタイルに鮮度が！

ネックレス／オーカ

LEVEL 2

濃淡を使った反対色を上下に

color :

NAVY　LIGHT YELLOW　WHITE

3色目は白小物でクリーンな印象にまとめて

黒に近い濃紺トップスを選んだら、ボトムスは淡いイエローをチョイス。白の靴とバッグでスウェットのラフさを軽減。大人カジュアルが完成。

スウェットプルオーバー／Gap　ネックレス／オーカ　メガネ／銀座グランパグラス

color :

LIGHT YELLOW　PURPLE　BLACK

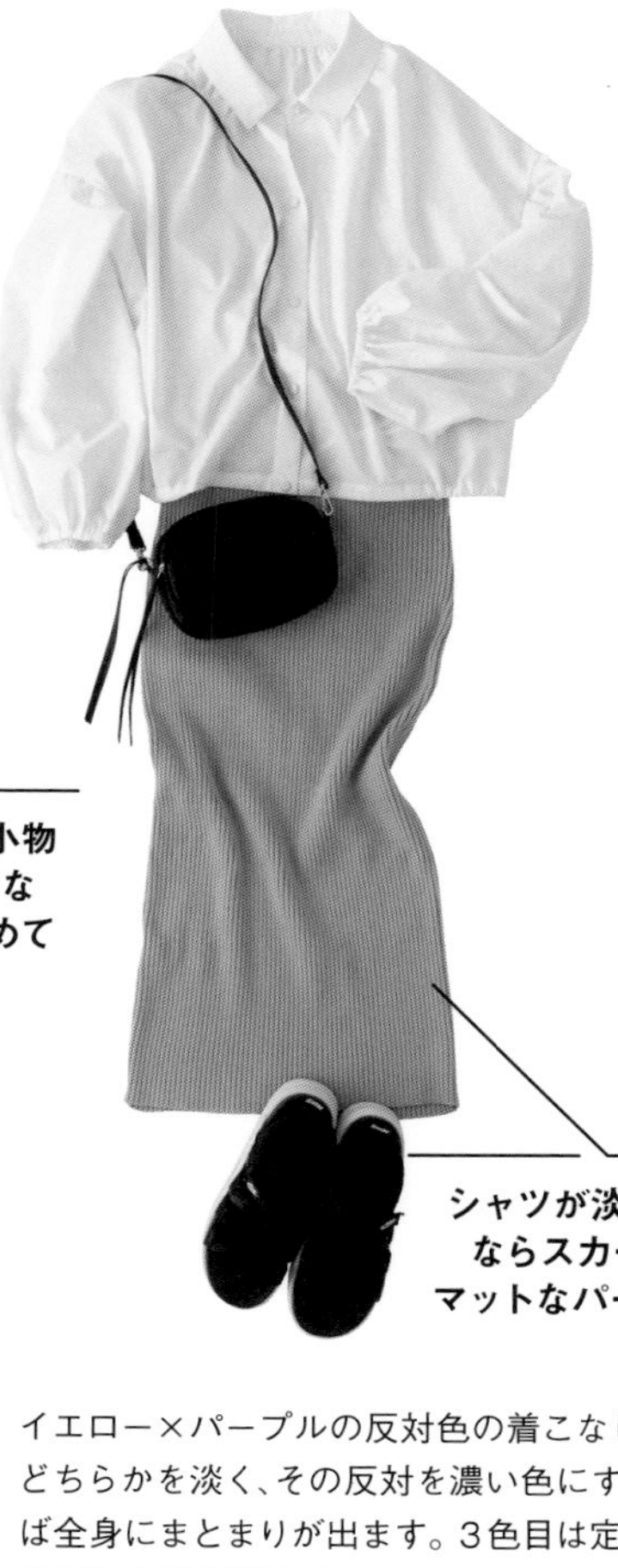

シャツが淡い黄色ならスカートはマットなパープルを

イエロー×パープルの反対色の着こなし。どちらかを淡く、その反対を濃い色にすれば全身にまとまりが出ます。3色目は定番色の黒で引き締めて。

シャツ／クーム

“黒と白は差し色です！”

黒や白はベーシックカラーだから本当に差し色!?と思う人も多いはず。でも差し色として使うと、黒や白がその威力を発揮するんです。全身ブラウンの着こなしに黒のベルトを入れると引き締まる。同じようにＡＬＬグレーの着こなしに白のショートブーツを合わせると間延びせず洗練される。だから黒と白は小さく、差し色で使ってみて！　定番色の差し色としてだけじゃなく、カラフルな色を使った着こなしのときにも重宝します。私は多色使いの着こなしをよくしますが、そんな日もバッグを黒にしたり、靴を白にしたりすると着ている服のきれいな色合いが引き立つんです。着こなしがワンランク上がる黒と白の差し色使い、ひとつの小物からスタートしてみましょう。

BLACK
item

着こなしの差し色にするとき、最初に買うべきアイテムたち。面積の小さい靴やバッグからスタートしてみて。黒や白の着こなし以外で効果を発揮します！

チビ黒バッグは使い勝手良し。

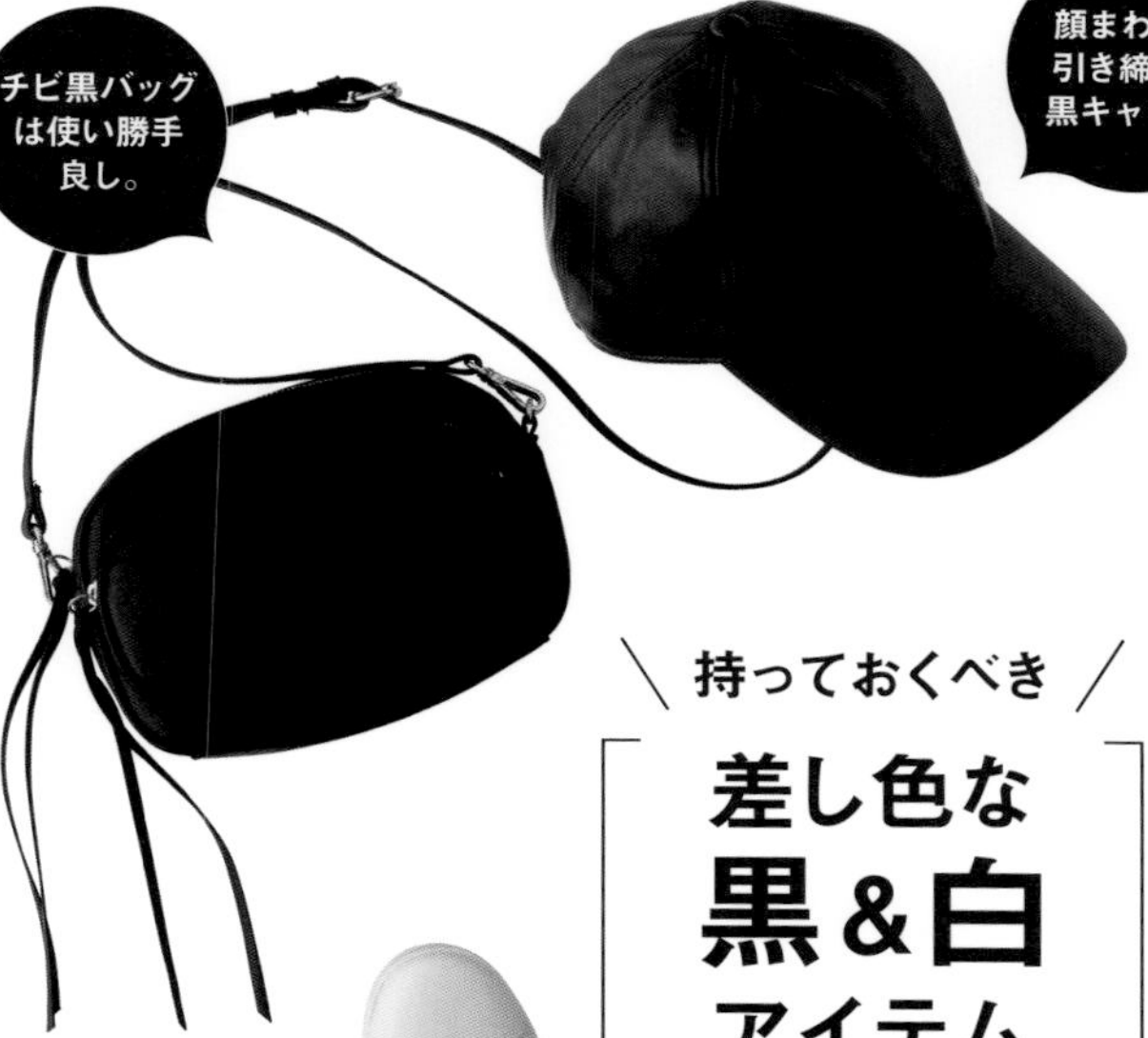

顔まわりを引き締める黒キャップ。

厚底タイプは流行中なので一足あると◎。

持っておくべき
差し色な 黒&白 アイテム

白シャツは重ね着インナーとして

白スニーカーはシンプル一択

レザーなら意外と汚れない白バッグ

WHITE
item

BLACK item

ベージュワントーンを程よく引き締め 差し色使いで黒本来の力を発揮！

大きいと目立ちすぎるのでミニサイズをチョイス

足元に黒で着こなしにアクセント

パーカ／クーム

差し色の着こなし方はまず定番色で試してみて

WHITE — item

白の差し色3点盛りで パンツスタイルをクリーンな印象に

シャツを中
に重ねて
名脇役使い

着こなしの
中央に白バッグ
で抜け感づくり

シンプルな白
スニーカーで
ラフに着くずし

カラー診断は
全人類が
やるべき！

Ayamin Point

似合う色を知ったら人生変わります

人にはそれぞれ似合う色、避けたほうがいい色があります。それを知っていると知らないとでは毎日の着こなしに差がつくはず。避けたほうがいい色を着ると顔がくすんで見え、具合悪い？と聞かれることも。あえてそんな色を着る必要はないでしょ。私はクリアな真っ白が似合わないから、その色のシャツを着ると具合悪いんですか？とか薬剤師みたいって言われます（笑）。逆を言えば似合う色を着ていれば顔全体が明るく見え、いつも元気で素敵な印象になる。人生は断然、そっちのほうがいい！　カラー診断は自分でもできるから、80ページを参考にやってみて。自分の顔をじっくり見るのがイヤだって人が多いけど、それでもじっくり見る、直視する！　これは大切。

カラー診断でわかる　似合う色・避けたほうがいい色

顔の下にドレープの布を当てるとわかるカラー診断。
似合う色と避ける色が本当にあるのかどうかは、
3人の結果を見れば一目瞭然！

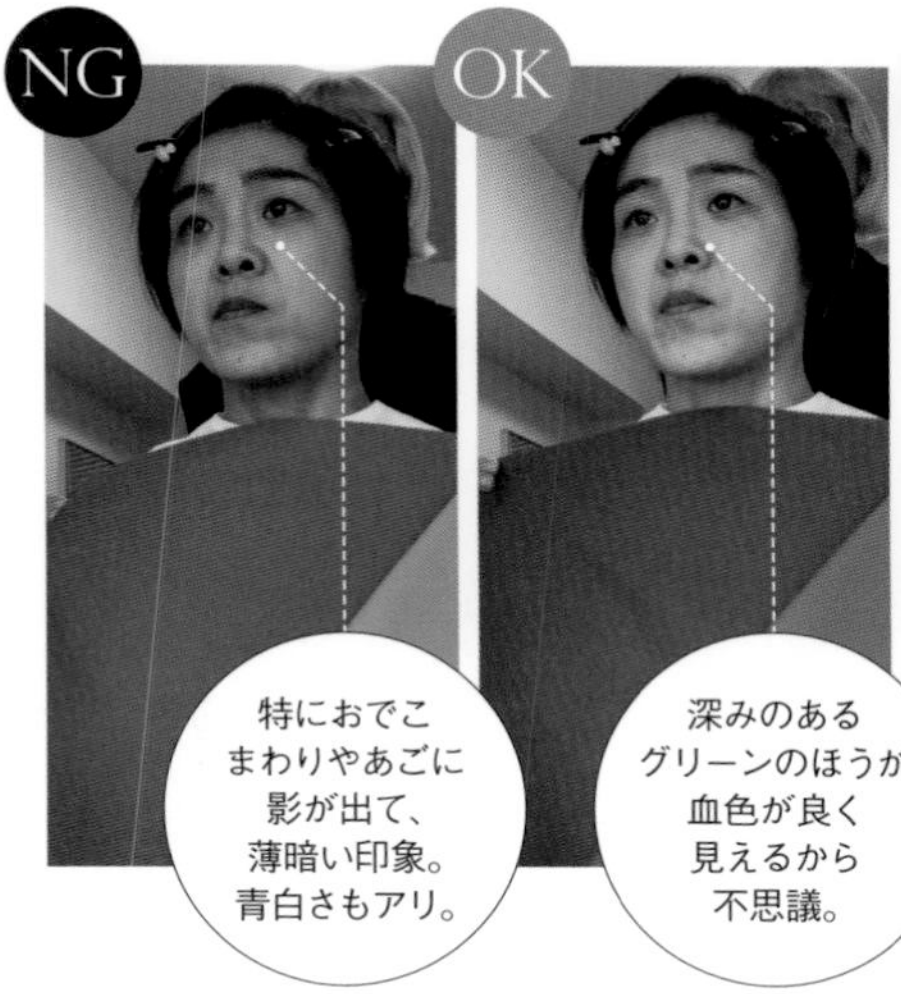

NG
特におでこまわりやあごに影が出て、薄暗い印象。青白さもアリ。
OK
深みのあるグリーンのほうが血色が良く見えるから不思議。

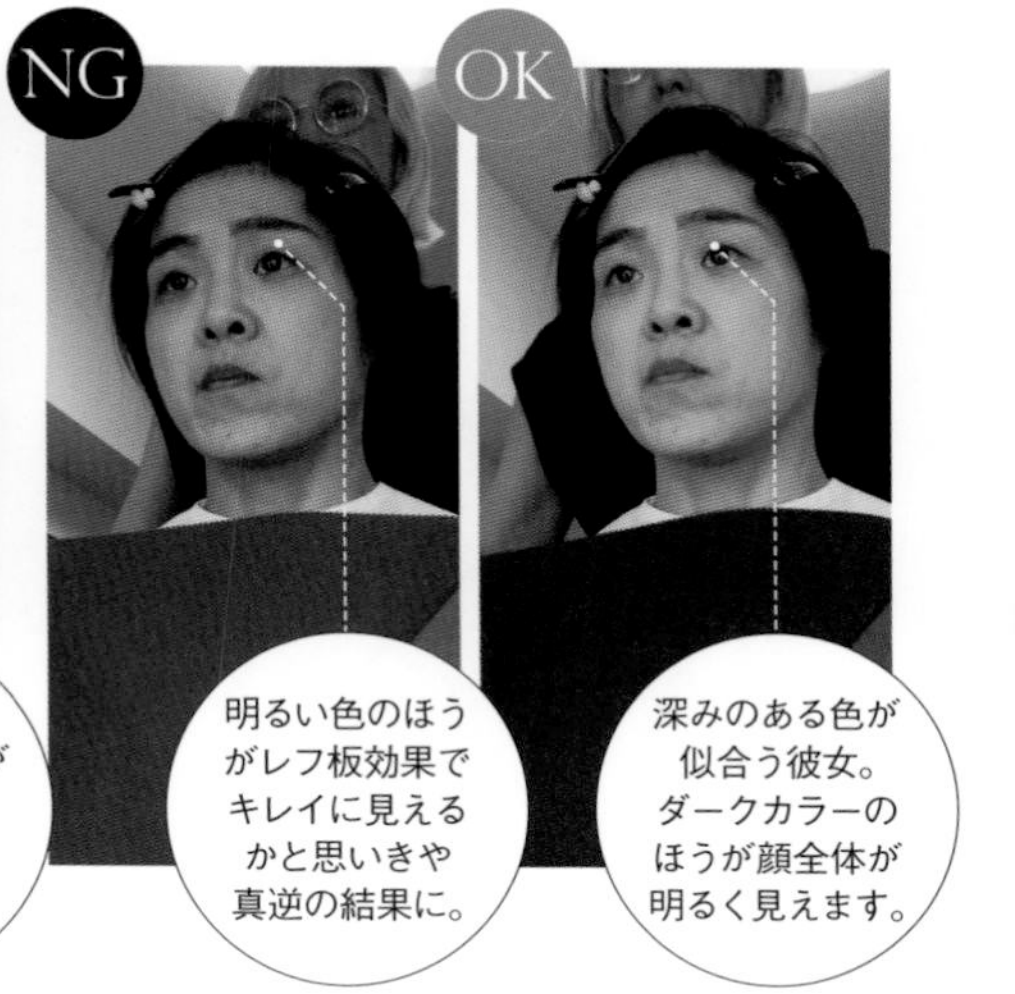

NG
明るい色のほうがレフ板効果でキレイに見えるかと思いきや真逆の結果に。
OK
深みのある色が似合う彼女。ダークカラーのほうが顔全体が明るく見えます。

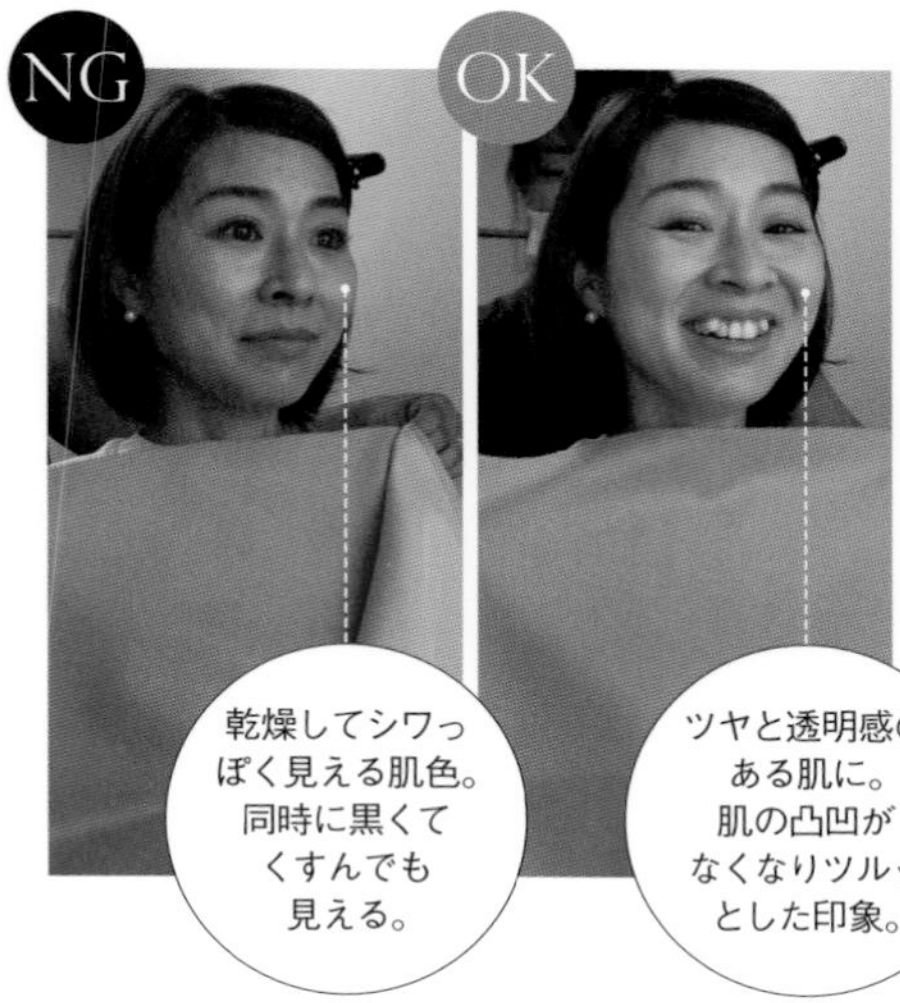

NG
乾燥してシワっぽく見える肌色。同時に黒くてくすんでも見える。
OK
ツヤと透明感のある肌に。肌の凸凹がなくなりツルッとした印象。

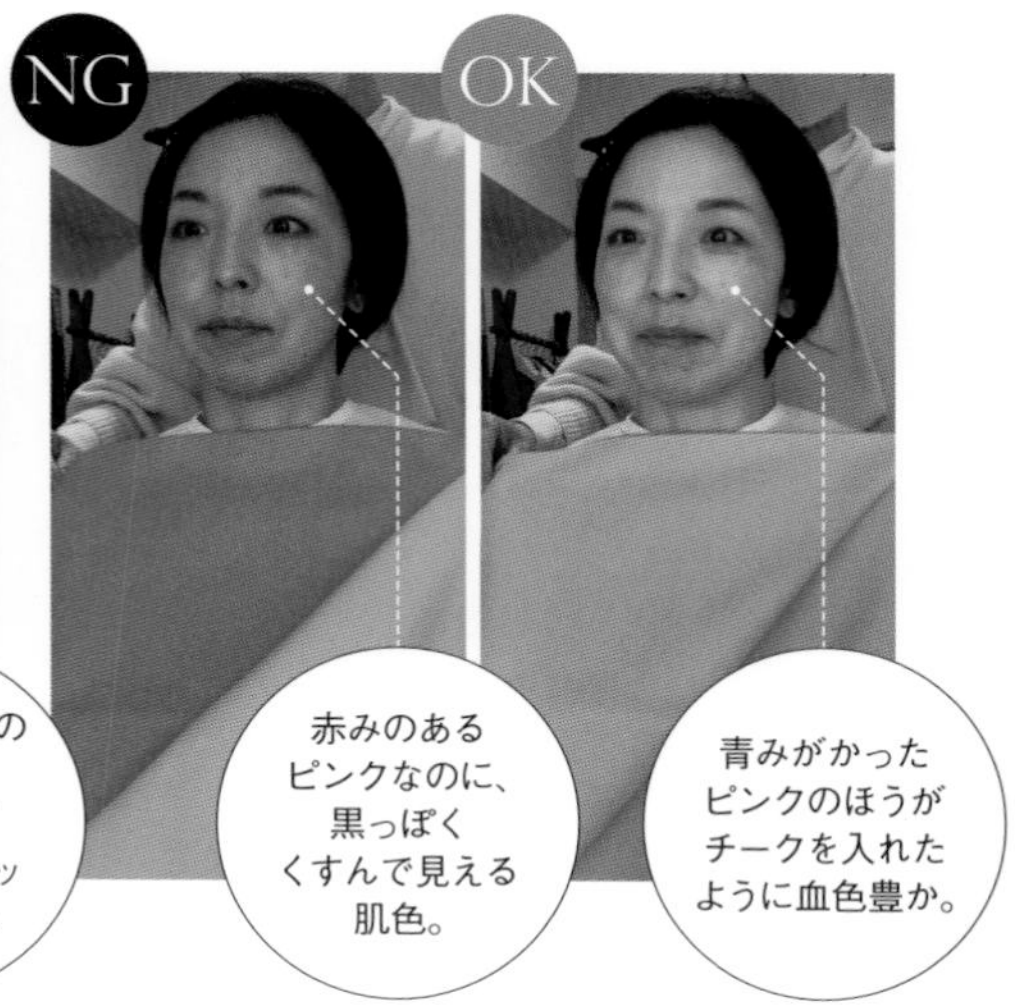

NG
赤みのあるピンクなのに、黒っぽくくすんで見える肌色。
OK
青みがかったピンクのほうがチークを入れたように血色豊か。

自分でできる
カラー診断！

黒・グレー・カーキ・ベージュのトップスを着て写真を撮る

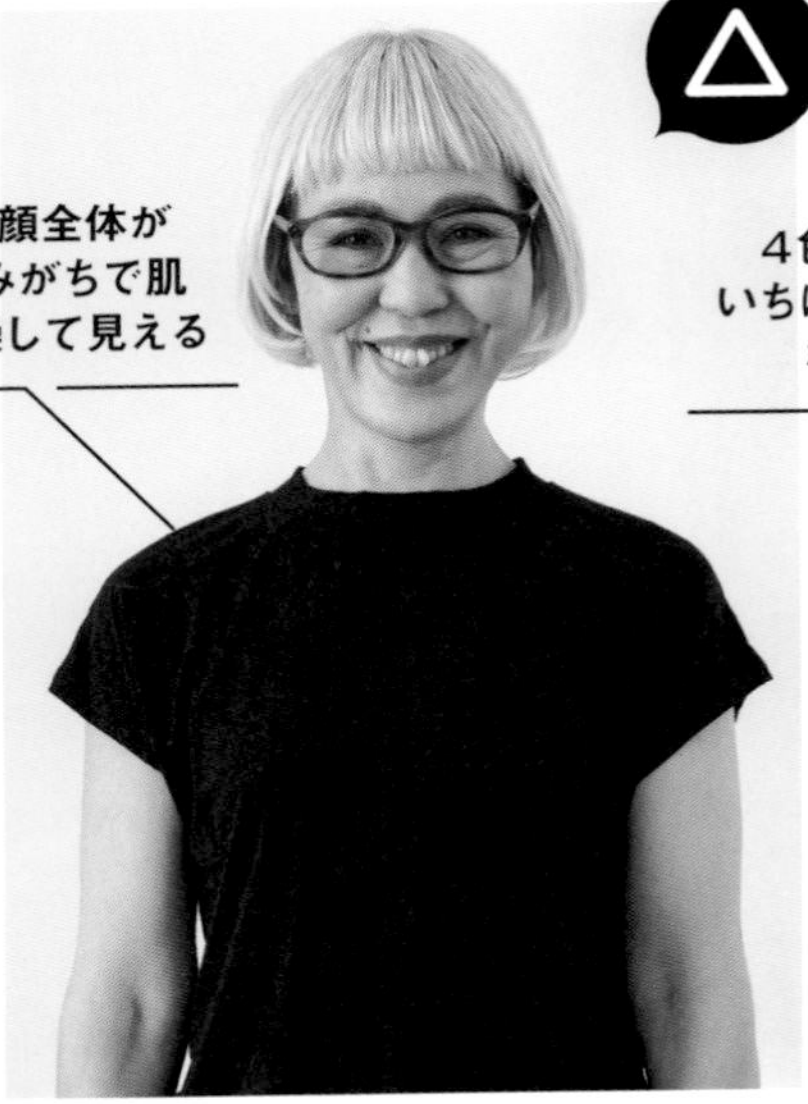

△

黒は顔全体がくすみがちで肌が乾燥して見える

BLACK | 黒

×

4色の色の中でいちばん肌が青白くなるグレー

あやみん先生の結果はいかに！

GRAY | グレー

黒が似合う人は

ウインター

似合う色　原色に近い強くはっきりとした色

- ショッキングピンク
- ロイヤルブルーなど

避けたほうがいい色

- ゴールド
- スパイシーオレンジ
- コーヒーブラウン

グレーが似合う人は

サマー

似合う色　さわやかでやわらかい色

- ベビーピンク
- スカイブルーなど

避けたほうがいい色

- チョコレートブラウン
- オレンジレッド
- オリーブグリーン

黒、グレー、カーキ、ベージュのトップスを着て写真を撮りましょう。
写真に写った自分の顔色をよく見て。顔の下半分が黒ずんでいたら避けたほうがいい色。顔全体が明るくなっていたら似合う色です。

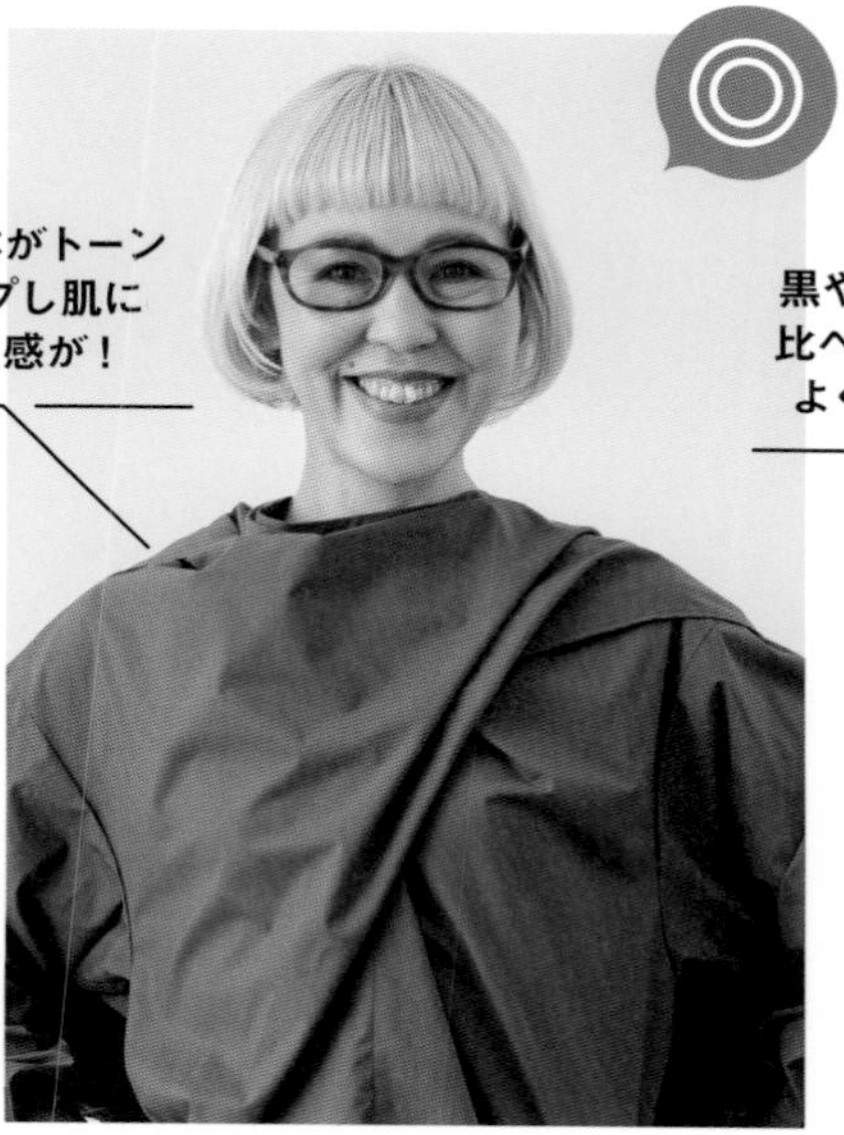
顔全体がトーンアップし肌にツヤ感が！

KHAKI ｜ カーキ

黒やグレーと比べて肌色がよくツヤも。

BEIGE ｜ ベージュ

カーキが似合う人は

オータム

似合う色　秋の果実のような深みのある色

- カーキ
- サーモンピンクなど

避けたほうがいい色

- スノーホワイト
- グレーミスト
- ベビーピンク

ベージュが似合う人は

スプリング

似合う色　お花畑のような明るくかわいらしい色

- コーラルピンク
- ライトオレンジなど

避けたほうがいい色

- ブラック
- ブルーグレー
- フォレストグリーン

ブラウス／クーム

“ピンクは大人にこそ着てほしい色”

Ayamin Point

ピンクは、身につけていれば優しい印象になり、幸せに見える色。ピンクをまとうことで、女性ホルモンも活性化するといわれています。いわゆるベーシックカラーではないので、着こなしにとり入れるのが難しいと感じる人は、まずバッグや靴などの小物で合わせてみて。小物でとり入れることができたら、お次はボトム。スカートやパンツをピンクに。合わせるトップスはグレーやネイビー、黒などの定番色でＯＫ。実は合わせやすい色なのです。年齢を重ねたからこそ、着こなしに個性と深みが出る色、ピンク。ピンクにある色の力を楽しまないと、もったいない！

だまされたと
思って身につけると
その効果実感♡

Pink item :

ボトムで上級！

▼

PINK PANTS

パンツ以外を
モノトーンで
まとめれば簡単

ピンクと相性のいいグレー系トップスを合わせて。足元に1点だけ黒を差し色で入れると、全身を引き締める効果が。

ブルゾン、パンツ／ともにクーム

Pink item :

まずは小物で！

▼

PINK SHOES

靴ならどんな
パンツとも
相性良し

靴をピンクにするだけでいつものデニムにシャレ感が生まれる！　シンプルな着こなしであるほどピンク小物が活きる。

ブルゾン／プラスオトハ　ネックレス／オーカ

“おしゃれな人とそうでない人の違いは色にある”

街を歩いていて〝素敵だな！〟と思う人は、たいてい着こなしのどこかにキレイな色をとり入れている。逆を言えば、いつも全身黒ばかりの人がおしゃれに見せるのはなかなか難しい。それは、どうしても無難になってしまいがちだから。だからこそ、キレイな色を着こなしのどこかにとり入れてほしいです。そうすることですぐに変われるから。恥ずかしいなんて思わないこと！　だってあなたをじっと見てる人なんて、いないんだから！　まずは小さくカラフル色を。色は何色だってＯＫ。好きな色のバッグや靴を身につけて、出かけてみましょう。やってしまえば簡単。着こなしのレベルアップだけじゃなく、気分も変わるから！

（ 色使いをマスターするなら！ ❶ ）

初級 ››› バッグや靴で小さく色を

黒1色だとフツウの人。
ブルーが入ると着こなし激変！

ブラウス、パンツ／ともにクーム　バッグ／オーカ

BAG & SHOES

—— Color item ——

ミニショルダーならキレイ色も抵抗なし！　パステル調よりもまずは鮮やか色がおすすめ。

ポインテッドトゥのぺたんこ靴なら、大人っぽさと歩きやすさをキープしてくれる。

（ 色使いをマスターするなら！ ❷ ）

中級 ››› ボトムにカラーをもってくる

◀ ベージュや白を引き立てる！
鮮やかイエロー

— Color item —

まずはパンツでキレイ色にトライ！　いつものTシャツやシャツだと合わせるのも簡単。

←ジャケット、中に着たブラウス、パンツ／すべてクーム

BOTTOM

(色使いをマスターするなら！ ❸)

上級 ››› トップスにニュアンスカラーを

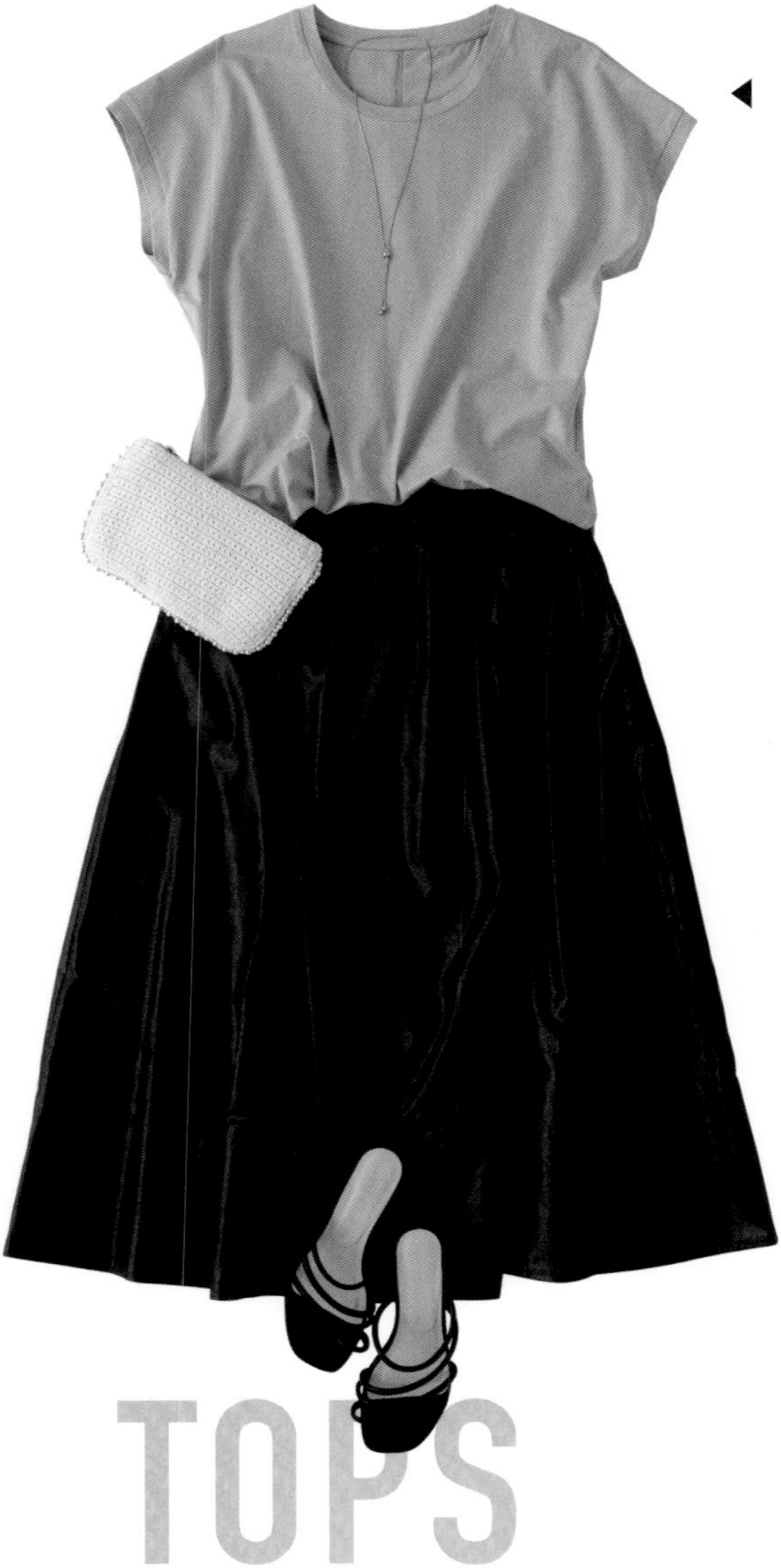

◀ くすみピンク×ブラウンが上級者スタイルに！

—— Color item ——

トップスにはパキッとした色より、少しくすんだニュアンスカラーがおすすめ。

ブラウス／クーム　パーカ／Gap

←プルオーバー／クーム　ネックレス／オーカ

TOPS

フク活

COLUMN

45歳をすぎたら、髪色は断然ハイトーンがおすすめです！

毎日白髪を気にしているなら、ハイトーンにするととにかくラク。あれこれ気にかけることが増える45歳以降、余計な悩みがひとつ減るんです！　これって意外と大きいことだと思いませんか。白髪隠しになるだけじゃなく、服の幅も広がります。定番の服がおしゃれに見えて、デザイン性のある服にも負けなくなる。もし少しでも興味があるならやってみて。やりたいことを我慢せず、好きなおしゃれを楽しんでほしい。私たちには意外と迷っている時間がないと思うから。やっておけばよかったと後悔するより、似合わなければ髪色をまた変えればいいだけ。

私がハイトーンにしたのは、離婚がきっかけ。気にしてないと思っていたけど、実は結構ダメージがありました。過去を捨てたくて、ロングヘアから金髪坊主にしたい！って思ったんです。坊主はさすがに美容師さんに止められ、ハイトーン＆ベリーショートに。そこから人生が良い方向へ。新しい自分になった気持ちが味わえますよ。ハイトーン、おすすめ！

Chapter – 04 フク活

安っぽく見せないテクを伝授！

プチプラとトレンド、大人のつきあい方

「45歳をすぎてプチプラを着ると安っぽく見えない!?」
「流行アイテムは若い人だけのものでしょ!?」
そのどちらもNO！　この章では、
大人の女性だからこそのつきあい方をご紹介します。
選び方を間違えなければ、
どちらもかなりの即戦力になるはず！

プチプラとトレンドは
楽しまなきゃ！

プチプラは縫い目を見て！

賢い買い物をするための第一歩！

Ayamin Point

世の中にたくさんあるプチプラブランド。買ってから失敗した！という人、多いのではないでしょうか。失敗を防ぐためにまず**チェックしてほしいのが縫い目**。真っ直ぐキレイな縫い目であればＯＫ。同じアイテムでも丁寧なものとそうじゃないものがあるからしっかり観察しましょう。そのほか、素材自体に変なテカりがある、独特な生地のにおいがするなども要注意。ただデザインが素敵！と飛びつかないように冷静に判断して。逆に２９９０円でもちゃんと裏地がついている、ポケットがあるなどはコスパが高いので、自分自身で選びとる力を養いましょう。そうすれば、買い物に後悔と無駄がなくなります。プチプラだからこそ**丁寧に選ぶ**、を心がけて！

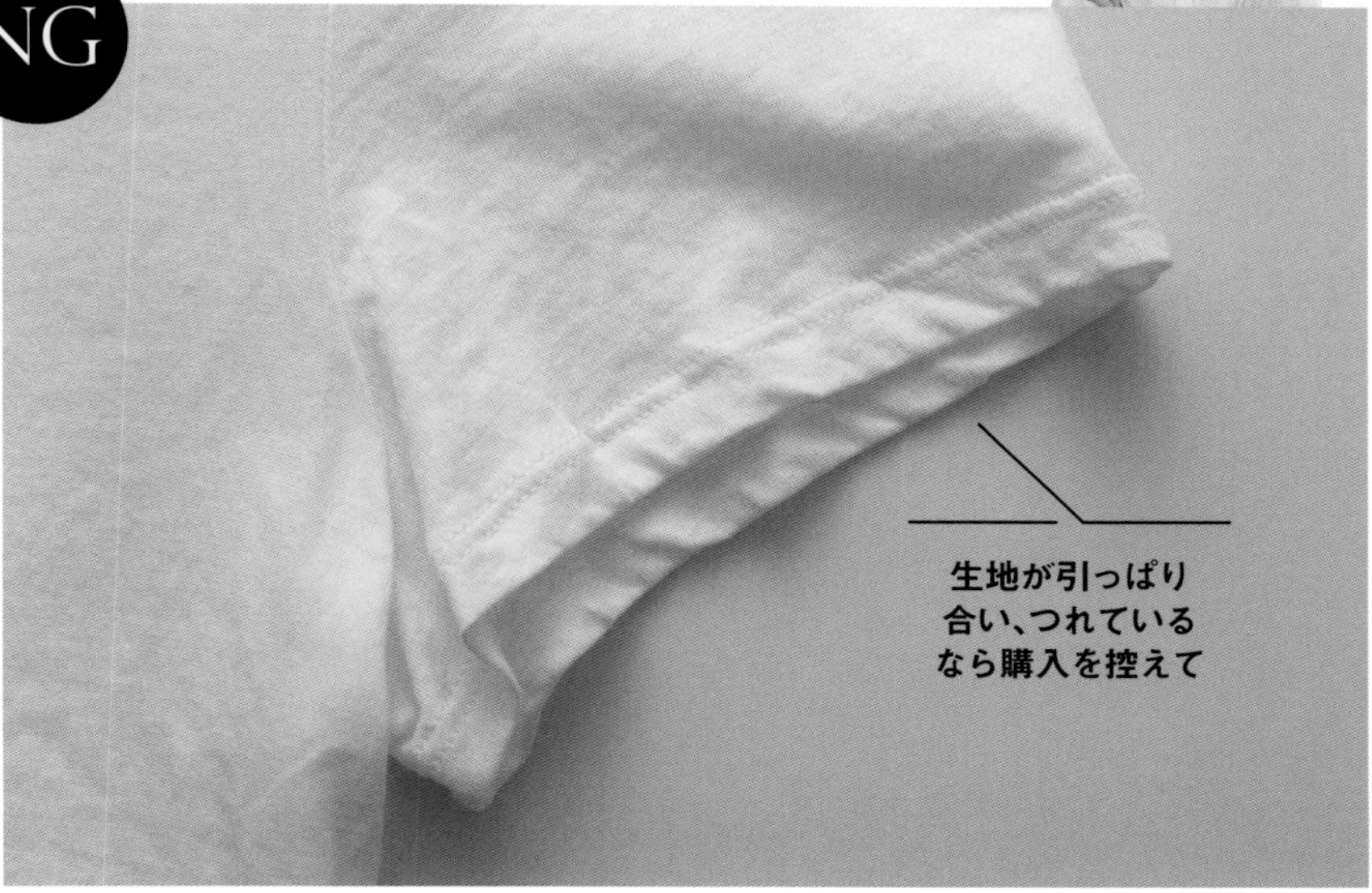
NG
生地が引っぱり
合い、つれている
なら購入を控えて

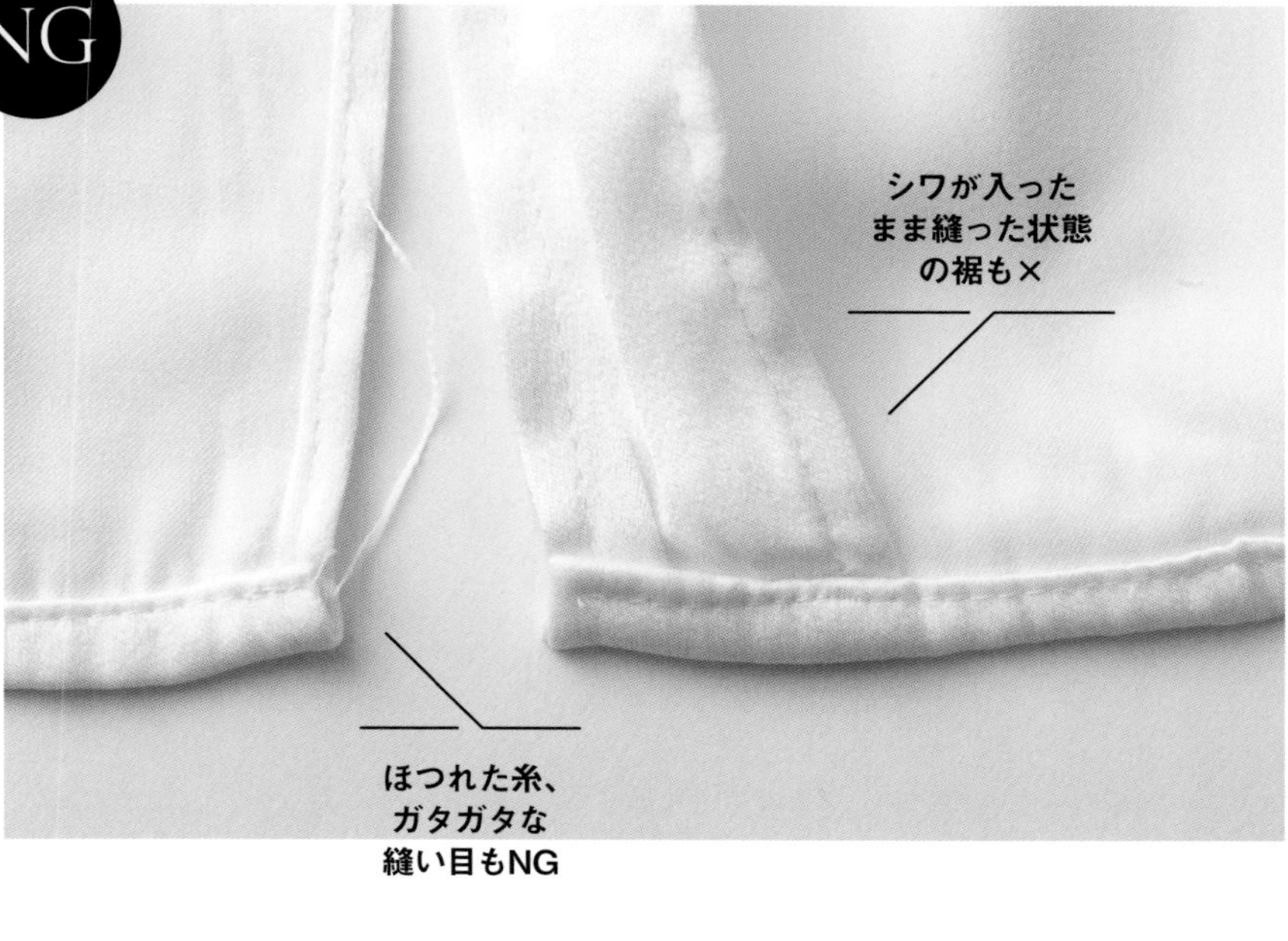
NG
シワが入った
まま縫った状態
の裾も×
ほつれた糸、
ガタガタな
縫い目もNG

ユニクロは全サイズ試着する!!

白Tや白シャツを買うときにユニクロでやってほしいこと。それは、全サイズの試着！「私はいつもM」と決めつけるのではなく、今っぽく着たいのであればオーバーサイズのLやXL。1枚でスッキリ着たいのならMという具合に**着こなし方でサイズを変えましょう**。パンツも同じ。細身パンツとワイドパンツはどちらもMと決めつけずに、ゆるくはきたいなら大きめのLを試してみて。サイズが違えば、同じパンツでもバランスが変わって見えます。それを体感してください。シンプルなアイテムがそろい、サイズも豊富でロープライスなユニクロ。いろいろなサイズを試着して、今の自分に最適な着こなしを見つけてみて。

Lサイズ

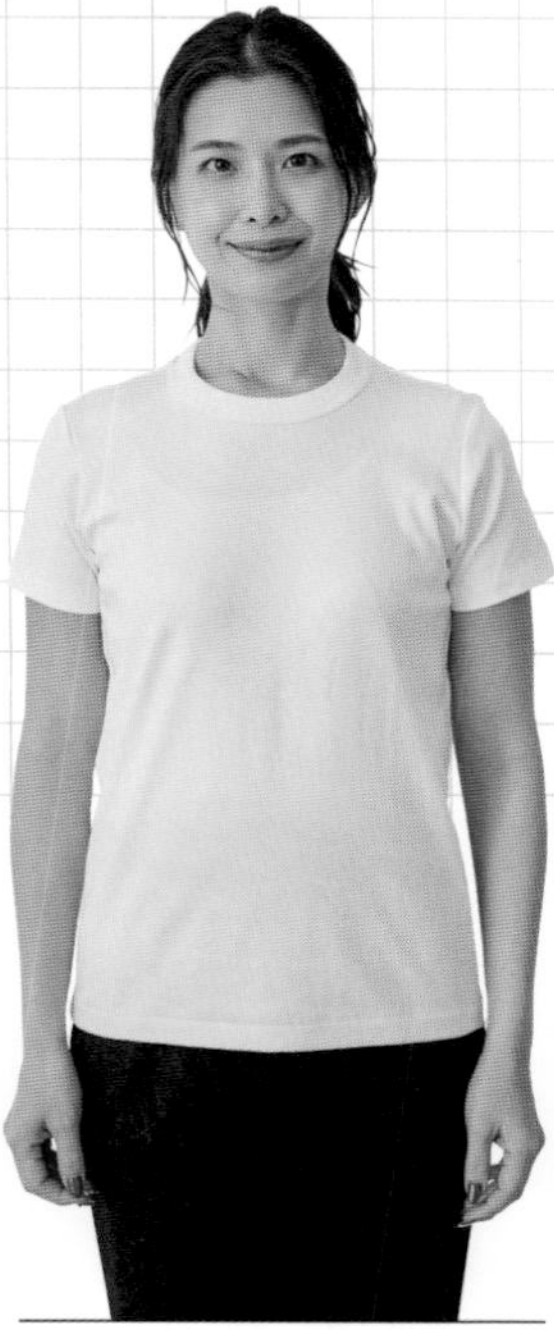

ゆとりある サイズで 着こなしバリエも 広がる！

SやMとの違いは、おなかや腰まわりの余裕とレングスの長さ。メンズっぽい着こなしをしたいときやタイトなボトムのときに活躍します。

Mサイズ

体のラインを 拾わず、 使い勝手の良い サイズ感

体につかず離れずの程よい形が特徴。首まわりの詰まり具合もSと比べると少し余裕があります。丈もやや長めで1枚あると便利。

Sサイズ

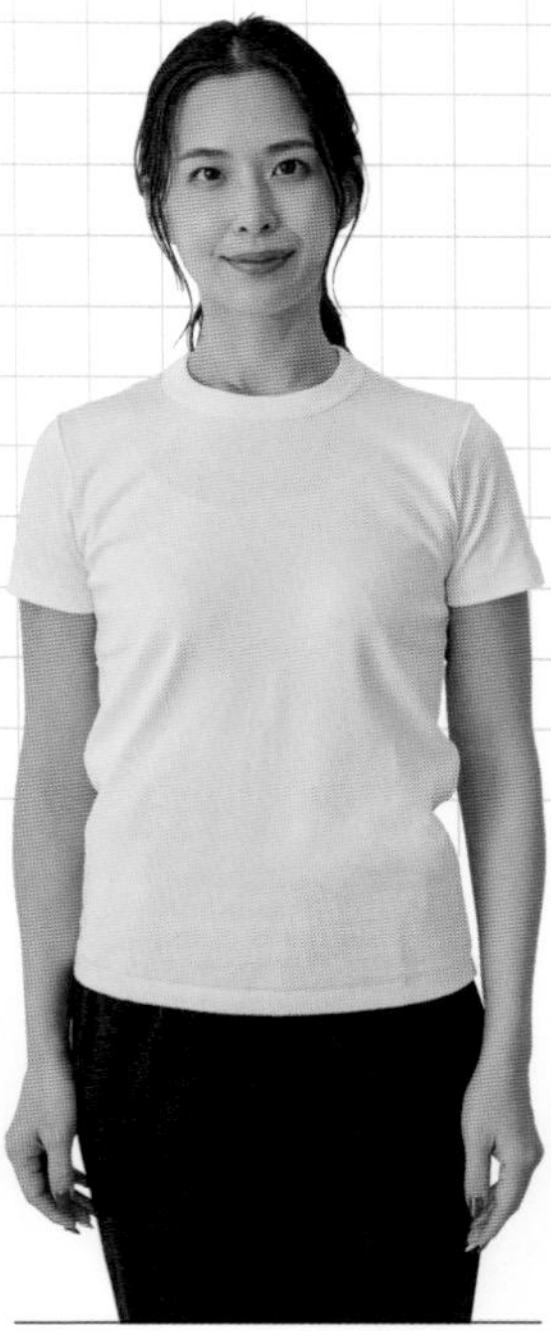

ボリュームの あるボトムに 最適な ピッタリサイズ

体に程よくピッタリとしたサイズ感。フレアスカートやワイドパンツなどのボリュームあるボトムと相性良し。そのほか重ね着にも重宝。

＼ あやみん的 ／

ユニクロで買うならコレ！

コットンシャツ

［ COTTON SHIRT ］

この春はキレイ色をチョイスしてみて。パステル調だから意外と合わせやい。

ニット

［ KNIT ］

カラフル色や柄物がほしいときはこちら。ユニクロだから買いやすい価格で挑戦しやすい。

ワイドパンツ

［ WIDE PANTS ］

シーズン問わず人気のワイドパンツ。トレンドのグレーや春らしい白がねらい目。

大人が受け入れてOKなトレンドは体型カバーできるもの

トレンドは若い人のもの！　そう思っていませんか？　ロングスカート、ワイドパンツ、オーバーサイズ、シースルー、これらのトレンド、私はぜ〜んぶありがたいって思ってます！　だってロングスカートは脚を見せなくていい、ワイドパンツは腰まわりやおしりの形を隠してくれる、オーバーサイズは二の腕がキツくない、シースルーも実は重ね着で着やせする。ほら、いいことだらけ！　45歳をすぎたらトレンドなんて着られないなんて思わないで。数ある中で何をとり入れたらいいかわからないなら、体型をごまかしてくれるトレンドには、全部乗っかってみましょう。あなたのいつもの**着こなしに鮮度をくれる**から。

体型カバー 今ならこの4アイテム!

item : シースルー [SEE-THROUGH]

さりげない
透け感。
それだけで
おしゃれ度UP

なんとな〜く透けてるぐらいの透け感が大人にはちょうどいいシースルージャケット。あえてジャケットと色の違うグレーのタンクトップをINに重ねて。

シアージャケット、スカート／ともにクーム
ネックレス／オーカ

item : オーバーサイズ [OVERSIZE]

体を覆う
シルエットが
がっちり体型を
隠してくれる

大きめサイズのプルオーバー。おなか、おしり、腰まわりを全部隠してくれる優秀さ。さらにドルマンスリーブで二の腕もゆったり。パンツはやや細身でバランスを。

プルオーバー、パンツ／ともにプラスオトハ
ネックレス、バングル／ともにアデル ビジュー

今っぽい着こなしと着やせの
両立ができるよ！

item：

ロングスカート

[LONG SKIRT]

トレンド感と
大人っぽさの
両方ゲット！

歩くと揺れるシルエットが美しいロングスカート。パステル調が合わせやすく、夏はTシャツやノースリーブと合わせて楽しめるから着回し力の高い一着。

セーター、ボーダーカットソー／ともにGap
スカート／クーム　ネックレス／オーカ

item：

ワイドパンツ

[WIDE PANTS]

ラフなTシャツも
さりげなくきちんと
見えるのが特徴

腰からストンと落ちて縦長に見せてくれるワイドパンツ。白なら清潔感もあり、Tシャツともベストな相性。足元はスニーカーよりサンダルで女性らしく。

プルオーバー、パンツ／ともにクーム　ネックレス／オーカ

フク活

COLUMN

服を買うときに失敗しないポイント、手持ち服の把握をしておくこと

服を買うときに失敗しないポイントは、手持ちのものを全部把握すること。服だけじゃなく、靴、バッグ、アクセサリーのすべて。たとえば黒のTシャツを持っているとわかってたら同じようなものにときめいても、買わないでしょ。

買っても着ない服をなぜ買ったの？と聞くと、店員さんにすすめられて……が多い。それは買うかどうかのジャッジを店員さんに任せているということ。自分で判断する力をつければ失敗はしない。じゃあ、その力はどうやってつけるのかというと、試着室で着た自分の姿を写真で撮ってみて。その品番を控えて一晩ねかせる。翌日その写真を見て、やっぱり素敵！と思ったら購入するのが失敗しない手段。品番を控えておけばあとから通販でも買えるから。そのときに重要なのが値段を先に見ないこと。値段で選ぶとその幅でしか服を買えない人になってしまう。この服が着てみたい！って思った気持ちを大事にして。もし高いなって思ったらそのときに考えればいいことだから。

Ayamin Magic

Fashion technic

Chapter － **05** フク活

微差が大差をつくり出す！

「何か足りない」「どこか違う」は解決できる

シンプルな服もおしゃれな人が着ると
とてもセンスよく見える……。
その違いのほとんどが着くずし方や小物使い、
レイヤードの仕方によるもの。
逆を言えば、それをマスターすれば
誰でもおしゃれな人になれるということ！

ちょっとしたコツを
つかめば簡単よ！

〝着くずし上手になるには、５つ覚えるだけ！〟

シンプルな服であればあるほど、**きちんと着ない**を心がけて。シャツならボタンをあける、袖を無造作にまくるという感じで、買ってきた状態そのままではなく、どこかくずして着ると服が今っぽく変化していきます。基本のくずしは５つ。きっちりかっちり着るのは今日で終わりにして、その５つを覚えて実践！　今日からできる簡単なものばかりで、やるとやらないとでは大違い。はじめは慣れずになんだかソワソワしてもＯＫ。**やり続けることが大切**で、そうすれば自分の体にちゃんとなじんでいきます。マジメじゃない着方で〝なんかおしゃれ！〟な人になりましょう。この５つの着くずしは、あなたが自信をつけていくための練習です！

着くずしテク：#01

裾からインナーを出す

Tシャツの場合は5cm以内

AFTER

BEFORE

（BEFORE）そのまま着ると、マジメな大学生風。おしゃれのカケラもない印象になってしまう。

（AFTER）下に重ねた白のロングTシャツを裾から出すだけ。白が効いてコントラストになり、アカ抜ける。

スウェットプルオーバー／クーム

シャツの場合は10cm以内

AFTER

BEFORE

（BEFORE）シャツ、スウェット、パンツだとメンズ服まんまの着こなしに見え、華やかさに欠ける。

（AFTER）ストライプシャツの裾を10㎝程度出せば、柄がアクセントになり見違える！

中に着たシャツ／Gap

着くずしテク：#02

袖からインナーを3cm出す

AFTER

長すぎてもNG。
3cmまでの
チラ見せが
BEST

袖口からちらっと白を見せるだけでポイントに。シャツでも効果的。

BEFORE

ニットやスウェットをそのまま1枚で着ると、NGじゃないけどヤボったい。

シャツの
袖も
3cm出すと
見違える！

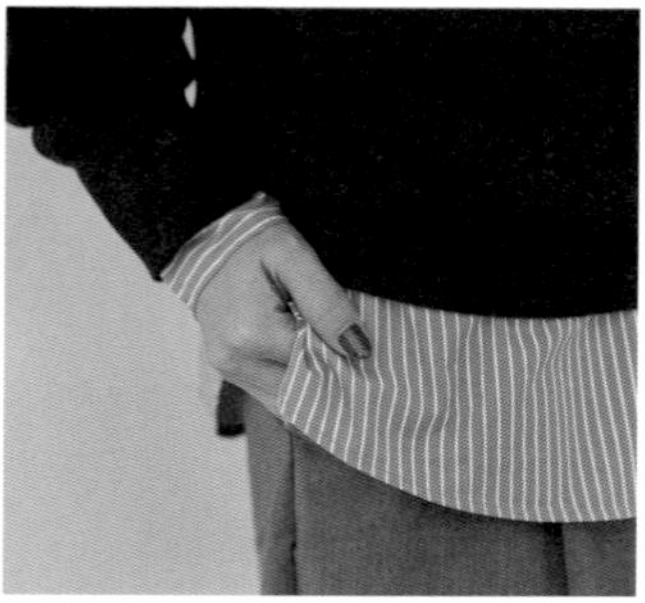

スウェットプルオーバー／クーム

着くずしテク：#03

シャツはボタンを3つあけて深Vを作る

AFTER

さりげない
肌見せで
抜け感が！

CLOSE UP

首元をあけるだけで、首が長く美しく見える効果が。きゃしゃなアクセサリーで女性らしさをプラスすれば完璧！

シャツ／Gap　ネックレス／オーカ

BEFORE

CLOSE UP

ボタン全閉だとアカ抜けない。ひとつあけるくらいでも同じなのでボタンは大胆に3つあけ。

着くずしテク：#04

ウエストINはたるみを少し

AFTER

BEFORE

**両端にたるみを
つくればおなかも
気にならない！**

きっちり中に入れず、真ん中だけIN。両サイドはたるませるとおなかもごまかせる。

カットソーの面積が大きすぎて、左と比べて同じには見えないほど太って見える。

パンツ／クーム

着くずしテク：#05

袖はまくって抜けをつくる

[誰でもできる袖まくりテク]

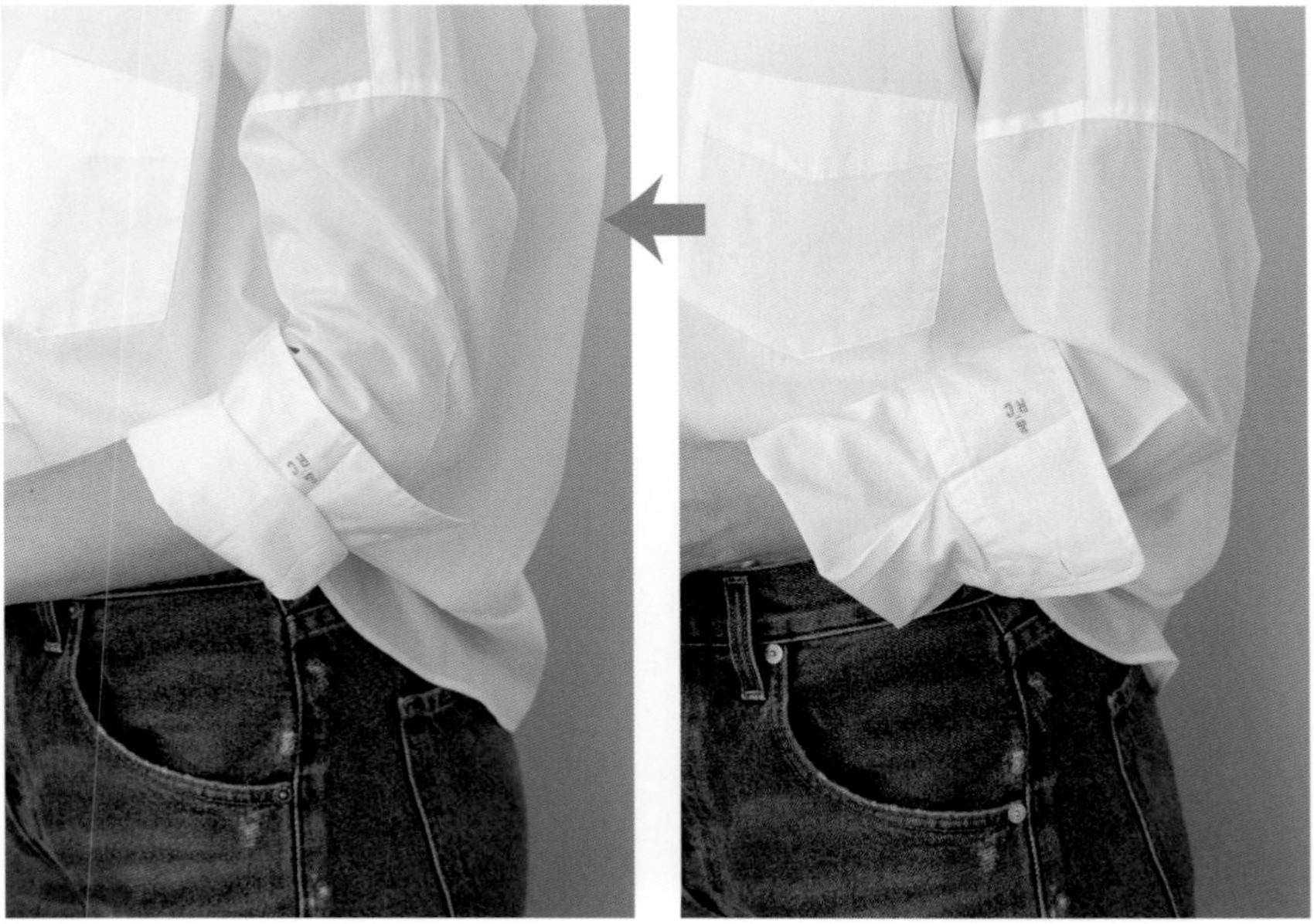

1 ひじあたりまでシャツを折る。キレイにじゃなくて、無造作な感じでOK。

2 端をもう一度折る。1で折り込んだ上にのせるようなニュアンスで。手首見せで着やせ。

とにかく
2回折れば
いいのよ！

靴は3足あればまわる

靴は究極、3足あれば事足ります。その3足は、**「ベージュパンプス」「白スニーカー」「黒ローファー」**。これらがあれば、どんな着こなしにも合わせられるからです。そして、それぞれには役割があります。ベージュパンプスは着こなしに女性らしさとシックな印象を与え、白スニーカーはどんな天候でも歩きやすく清潔感を、黒ローファーは甘さを引き算してくれる。だからこそ、この3足。ひとつだけ注意すべきは白スニーカー。いつもとにかくキレイであること。間違っても薄汚れた白スニーカーを大人の皆さんが履かないように！　どんなにおしゃれな着こなしであっても台無し。シンプルなものを、1年で買い替えるくらいの気持ちでいましょう。

ベージュパンプス

白スニーカー

黒ローファー

Shoes 01 :

ベージュパンプス

［ BEIGE PUMPS ］

きちんとした行事事にも合わせられる対応力がツヤ系ベージュパンプスの魅力

結婚式や大切な行事にも合わせやすいのがベージュパンプス。逆にデニムやラフなパンツのハズし役にもなるから重宝します。

ジャケット、ジャンパースカート／ともにクーム　ネックレス／オーカ

選ぶポイント

- **エナメルなどのツヤ感で華やかさを**
- **ローヒールが厳しいならぺたんこもOK**
- **とんがりトゥで大人っぽさキープ**

足元の白でクリーンで軽い雰囲気をつくり、大人カジュアルが完成

Shoes 02 :

白スニーカー

[WHITE SNEAKERS]

選ぶポイント

- キャンバス地ではなく、レザー素材
- デザインはとにかくシンプルなもの
- 主張しすぎないスマートシルエット

スカートの甘さを適度にカジュアルダウンさせてくれる、白スニーカー。足元を白にすることで軽さも出るのがポイント。

バッグ／オーカ

Shoes 03 :

黒ローファー

[BLACK LOAFERS]

シンプルなシャツ＋スカートが
厚底黒ローファーで今どきに！

スカートスタイルのアクセントにぴったりの黒ローファー。ボリュームある形なら、全身バランスもとりやすい。

ブラウス、スカート／ともにクーム

選ぶポイント

- ✓ **ベーシックより今っぽい厚底を**
- ✓ **素材はレザーで大人めキープ**
- ✓ **ボリュームあるデザインで脱学生風**

〝私らしい〟にこだわりすぎない

〝私らしさ〟は大切だけど、そこに執着してしまい、変わりたくても変われないのは本末転倒。好きなファッションがずっと変わらないのが悪いのではないけれど、そこだけ玉手箱状態になっていたら黄色信号です。

私らしいにこだわりすぎると、今の自分が見えなくなることもあります。たとえば同じような服をついつい買ってしまう、いつも似たような着こなしになる、どこかアカ抜けない、流行は私には必要ない……。それは知らず知らず、凝り固まった私らしさから抜け出せない今の自分の姿なのです。どこか変わりたいからこの本を手にとってくれたのだとしたら、無意識に決めつけている〝私らしい〟を少しだけ手放してみましょう。そうすると、新しい自分

になるために何が必要かが見えてくるはずです。

おしゃれは自分を見つめ直す作業でもあります。自分の顔を見る、体型を知る……。若いころとは違って当然！　だからこそ自分を知ってほしい。なぜなら若さでなんでも似合っていたときと今は違うから。若いころよりも丁寧に自分と向き合うことで必ず変われるのです。自分を知る＝似合うを知ること。この際、今はちょっとだけずっと変えずにいた〝私らしい〟は横においておきましょう。

自分を知ることができたら第一関門突破！　そのためにやってほしいのは自分の着こなしを毎日写真に撮ること。鏡で見る自分とは違って客観的に見たときの自分がそこに写っています。それを毎日実践して自分を並べてみて。自分の傾向がわかってきて、ついついいつも似たような着こなしになる、が減ってくるはず。たかが洋服だけど、やっぱりそこが変われば世界が広がります。それをぜひ知ってほしいし経験してほしい。45歳だろうが60歳を超えていようが、常に進化しているあなたのほうが絶対に自分のことを好きでいられるから！

スカーフ使いに小細工はいらない

「今日の着こなし、なんか地味……」と思ったら、迷わずスカーフを。色使いがカラフルで、少し派手？くらいの華やかさがあるほうがスカーフ本来が持つチカラを発揮させられます。昔買った、クローゼットに眠っているスカーフでも充分。〝◯◯巻き〟なんて難しいことは一切しなくてＯＫ。左ページのように折りたたんで首にたらすか、そのスカーフをリングに通すだけ。これならどんな不器用な人にだってできるでしょ。スカーフが１枚あれば、ジャケットが少しエレガントになる、定番カットソーのスパイスにもなる。シンプルなトップスであればあるほどおしゃれに見えてくるから、**テクニックがいらないスカーフ使い**はやらなきゃソン！

How to : 誰でもできる！ スカーフの巻き方

①正方形で一辺が100cm前後の大判がベスト。色や柄はなんでもOK。

②両端を写真のように中心に向かって合わさるようにたたむ。

③片側から約5cm幅で中央に向かって折りたたむ。逆も同じように。

④ここまでたたんだら完成。首にたらすorスカーフをリングに通すだけ。

リングに通すだけ

リングを胸元の下で通すだけ。定番のカットソーやシャツ、Tシャツに合わせて。

カットソー／Gap

たらすだけ

ジャケットやジレなどの着こなしには、スカーフをたらすだけで一気に華やかに！

“ソックスは黒一択”

Ayamin Point

素足だと肌寒い時期、ソックスは何をはけばいいかわからないとよく言われます。ソックスは白だと学生っぽくなり、カラフルな色は相当な上級者じゃないと失敗する。ボトムと靴との色合わせやバランスが難しいから、**黒でいい**んです。黒なら大人っぽさを出してくれるし、どんなボトムとも相性がいい。ひとつ気をつけたいのは丈選び。パンツなら肌が見えない少し長め丈を、スカートなら逆にスカートとソックスの間から肌見せできる短め丈をセレクトしてバランスをとりましょう。小さい面積でも意外と重要な役割のソックス。カジュアルに見えすぎたり、コドモっぽさだったりを回避するために黒ソックスがひと役買ってくれます！

甘さとカジュアルさが同居する大人のスカートスタイル

黒スカートなら黒ソックスで、ボトムとソックスの色を統一すると、まとまりが。白スニーカーとのコントラストも◎。

プルオーバー／クーム　スカート／プラスオトハ　ネックレス／オーカ

スカートに黒ソックスを合わせるなら、パンツとは逆に肌が少し見える短め丈を選んで。

ALL白だと浮くから、小さく黒を。絶妙に引き締まって全身バランス◎

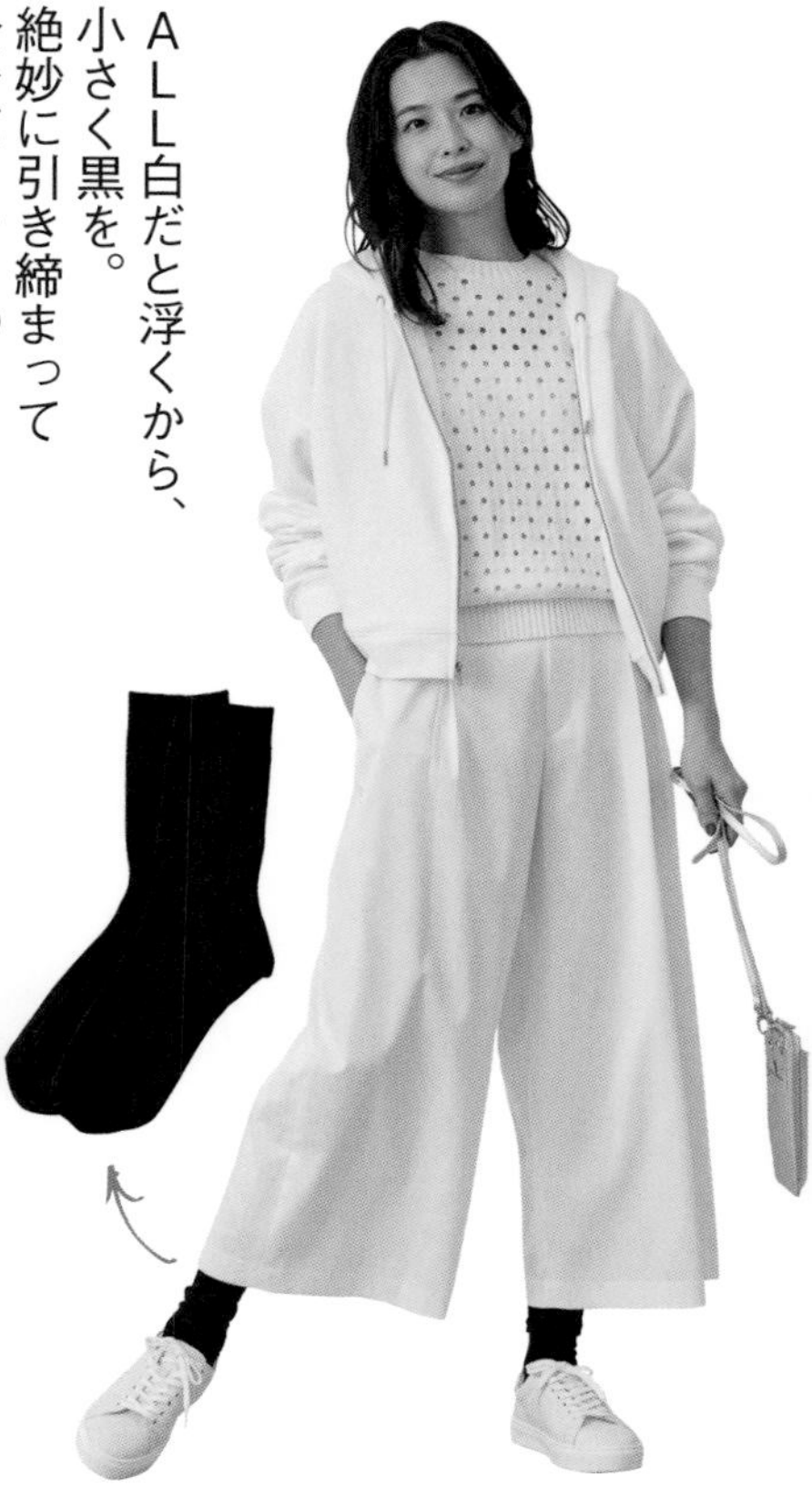

さわやかなホワイトスタイル。ALL白だと着こなしがぼんやりするから黒ソックスを投入。絶妙に引き締め効果が。

パーカ／Gap　ノースリーブニット、パンツ／ともにクーム　ハンズフリーバッグ／プラスオトハ

パンツに黒ソックスのときは、肌が見えない少し長めの丈を選んでバランスを。

背中に気を使うと着こなしが見違える

ここ数年で、背中にデザインのあるトップスが増えました。これ、めちゃくちゃいいじゃん！って思うんです。なぜって、着るだけでおしゃれに見えるから。**余計な小細工が必要ない**のって便利でしょ。左の写真のように背中が大胆にあいたデザイン、若い人は１枚で着るだろうけど、私たちには重ね着があります。中に着たい色のインナーを合わせればいいだけ。黒ニット×ピンクもいいし、落ち着かせたいなら、グレーでもいい。〝背中で魅せる〟は自分で見えない分、実はトライしやすい。あいているものが気恥ずかしいなら、背中にリボンがついたものや柄物でもＯＫ。着るだけで、**背中にまで気を使っているおしゃれな人**、になってくれるのです。

これがネラいめ！
背中デザイントップス

後ろがさりげないリボン使いのシャツ。まずはこのくらいのデザインからスタートするのも良し！

前は総レースで後ろはグリーン×ストライプデザイン。着るだけでシャレ感が増すトップス。

レースブラウス／クーム

背中が大きく開いたリブニット。色はベーシックな黒だからインナーはどの色でも合わせやすい。

柄を着たいときはボトムから

45歳をすぎたら、着こなしにとり入れていい柄は**幾何学柄と大きめの花柄**の2つ。「それは何柄？」と聞きたくなるくらいに大胆に入ったもののほうが、老けて見えない。逆に言うと、定番のチェックやドット、小花柄には手は出さないで。なじみがあるからといって買ってみたら、実はかなり難易度が高く、昔懐かしい感じに見えて終わる可能性大なのです。

着映えする大胆柄をとり入れられたら、合わせるトップスはいつもの定番でOK。どちらにも相乗効果が出ていいことずくめ。自分の着こなしがなんかいつも寂しいと思ったら、柄物ボトムの出番！　大花柄や幾何学柄を手に入れて。今までの着こなしの幅が広がるはずだから。

白Tが華やかに
生まれ変わり!
エレガントな
花柄をラフにMIX

柄物にはフツウの
トップスがベスト、
これなら
簡単でしょ

スカートがエレガントだからそれを最大限活かすにはラフなトップスを選んで。トップスの色は、柄の中にある色のどれかを選べばキレイにまとまります。

カットソー/クーム　イヤリング/アデルビジュー

黒カットソーに無地のパンツやスカートでおしゃれに見せるのは難しいけど、幾何学柄を合わせればそれでOK。難しい小細工なしでおしゃれに見せてくれる。

ネックレス、ピアス/ともにオーカ

“重ね着ベタがやることはひとつだけ”

レイヤードが苦手だと思い込んでいる人が多い。重ね着下手なので、どうすればいいですか？ってよく聞かれるんだけど、難しく考えないで！ **外と中の色を同色か同系色でまとめればいい**だけ。黒のTシャツには、黒のジレみたいにね。ここ数年、レイヤードはトレンドど真ん中。透け感のあるシアー素材は特に人気で、さまざまなブランドから登場しています。そういうときも同色か同系色合わせでOK。シースルートップスに同じ色のインナーを合わせると、派手すぎないのにさりげなく流行をとり入れた見え方になる。だからやらない手はない！　新鮮な気分と少し新しい着こなしに見えるレイヤード、今からやりましょう。

Item 01 :

【 ジレ 】

モノトーンまとめで大人&シャレ感両立！

Tシャツ＋スカートの定番スタイルがジレを重ねるとシャレ見え！ トップスの色は黒でそろえて、全身もモノトーンにすれば完成。

ジレ、スカート／ともにクーム イヤリング／アデル ビジュー

Item 02 :

【透けトップス】

ベージュ×ブラウン合わせなら即統一感！

メッシュの透けトップスはここ数年のトレンド。インナーに濃いめの同系色を選べば大人の装いに。足元はサンダルで女性らしく。

パンツ／Gap

Item 03 :

【 ジャケット 】

ジャケットで流行ときちんと感を

実はジャケットもここ数年の流行。シャツ合わせからTシャツまでインナーはなんでもOKだから１着持っておくと重宝します。

“メガネは瞳の位置で選ぶ”

メガネをかけることが多くなる年ごろ。いわゆる老眼鏡ね。何をどう選んだらいいかわからない人が多いんだけど、メガネ選びは、かけたときの瞳の位置に気をつけるだけ。**目がフレームの中央にあればＯＫ**。それが上下や左右にずれていると、なぜか違和感がありだらしない印象に見えるんです。目が切れ長の人は横長のフレーム、目が丸い人は曲線が入ってるほうがメガネとの相性がいいです。メガネは必要に迫られてかけなきゃいけなくなることも増えるけど、**目尻のシワ隠しにもちょうどいい**し、加齢で顔がぼやけてくるからメリハリづくりにも最適！　間違ってもメガネを少し下にずらして、おばあちゃんのようにはかけないで。メガネもファッションの一部よ！

item : **Glasses**

OK
中央に瞳の位置があると顔にメリハリがついておしゃれな雰囲気に

NG
瞳の位置が上のほうにずれているから違和感あり

瞳の位置がフレームの中央にあると、顔がぼやけずスッキリ見え。目が切れ長の人は横幅が長く、丸い人は曲線入りのフレームが◎。

メガネ／銀座グランパグラス ブラウス／クーム

フレームに対して、瞳の位置が上のほうにずれていると、顔の下半分がのっぺり見える。同じ服でもメガネが違えば印象も変わる。

ブラウス／クーム

あやみん　ファッション格言集

〝自信〟という服はどこにも売ってない

自分に自信がないっていうけど、
自信は誰かがくれるものではなくて、
自分でつかむもの。
ひとつひとつ自分で積み上げてきた
結果でしかないのです。

おしゃれは思考、思考を変えないと変われない

昔の考え方のままで止まっていたら、そこから先に行くことはできない。
だから、考え方を少し変えてみて。そうしたら選ぶ服も変わってくるから。

迷い悩んでいるのは「服」ではなく「人生」

——何を着ればいいかわからない人は、今もこれからの自分にも迷走中。
自分が好きだったことや、やりたかったことを思い出してみて。
もっと自分に目を向けていいんだから！

着る勇気がある人がおしゃれな人

——私にはムリとか、いつか、そのうち…。
自分で決めなきゃ、
そのいつかは一生来ない。
だから少し勇気を持って進むだけ。
その結果が未来のあなたになる。

今の自分から目を背けない

——いちばん楽しかった若いころのままの自分じゃないってことを受け入れよう。
45歳からの人生も楽しいこと、たくさんあるから。
似合う服を着ればそのころよりもっと楽しい自分がいる！

おわりに

————服を着るは、福を生《き》る

最後まで読んでくれてありがとうございます！

「似合う」が見つかった？

「おしゃれ」したくなってきた？

1年間で200名以上のパーソナルカラー診断、100名以上の

ショッピングレッスンをさせてもらって思うことは、みんな

「自分に似合う」を心の奥底ではわかっているじゃない！ってこと。

ただ、忘れているだけ！

だから、自分の気持ちに素直になってほんの少し勇気を出してみる。

「似合う」は自分がいちばん知っているのだから。

いつだって変わりたいと思った時が始まりです。

"服を着る"を"福を生《き》る"にしたいよね。

自分に似合って、素敵になる、好きな服を身にまとうと

喜びと幸せがやってきますよ！

この本が服を着る喜びと楽しさをとり戻し、人生の後半戦を

自信を持って自分らしく生きるきっかけになったらとてもうれしいです。

そして、私の人生にかかわってくれたすべての方に心から感謝！

私と、この本と、出会ってくれて本当にありがとう！

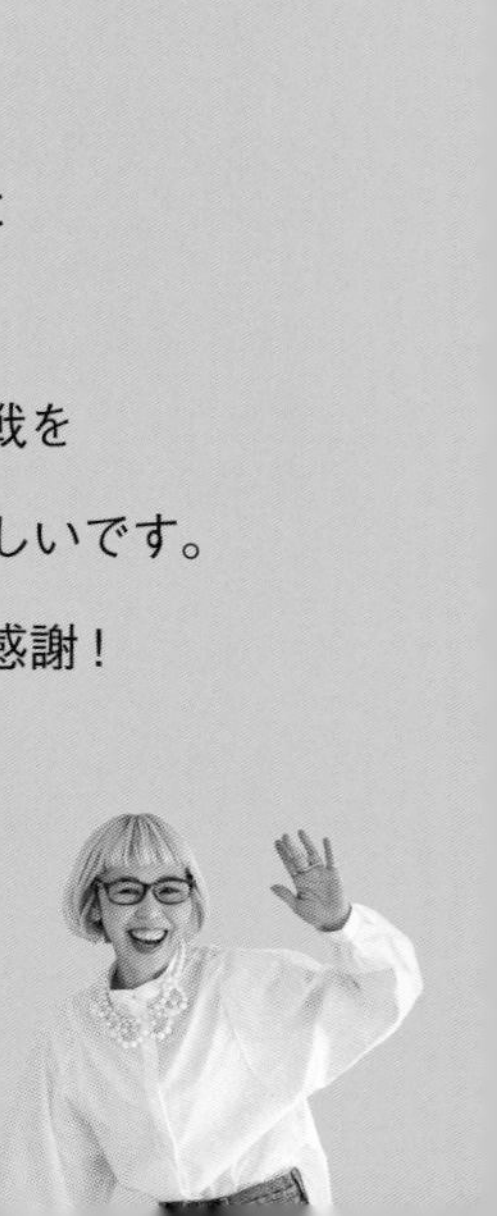

SHOP LIST

掲載品お問い合わせ先

アデル ビジュー ショールーム

info@ader.jp

オーカ

https://auca-accessory.com/inquiry

Gap

gap_info@gap.jp

銀座グランパグラス

03-6280-6260
東京都中央区銀座3-2-13 銀座夏野Rビル4F

クーム

キャノンクリエーション株式会社
info@cannon-creation.co.jp

ココシンクスタイル

https://ko2thinkstyle.com

プラスオトハ

3rd株式会社
info@plusotoha.jp

※本書掲載の情報は2024年3月現在のものです。
掲載商品の在庫がない場合や仕様などの変更がある可能性がありますのでご了承ください。

クレジット掲載がないものは私物となります。

Profile

冨永彩心 **あやみん先生**　Instagram：**tomiayam**

1967年生まれ、神奈川県出身。文化服装学院卒業後、フリーランスのスタイリストとして活動。結婚・出産を経て専業主婦に。13年のブランクを経て、百貨店の販売員として復職したのち、52歳で独立。現在は品川区で、トータルファッションカウンセリングサロンを主宰する。「45歳からの生き方をファッションで激変させる」をコンセプトに、年間100人以上のショッピング同行やスタイリスト養成講座をこなす。開催する講座はまたたく間に満席になる大人気ブランディングスタイリスト。ファッション関連の検定や資格を多数取得し、神戸国際大学でゲスト講師として授業を担当している。

Staff

装丁・本文デザイン _ 高木秀幸、萩野谷直美、石田絢香（hoop.）

撮影 _ 池田博美（人物）、佐山裕子（主婦の友社／静物）

ヘア＆メイク _ 福寿瑠美（PEACE MONKEY）

モデル _ 河野実結

DTP制作 _ 天満咲江

編集 _ 溝手順子

編集担当 _ 秋谷和香奈（主婦の友社）

45歳《さい》からの「似《に》合《あ》う」が見《み》つかるおしゃれ塾《じゅく》

令和6年4月30日　第１刷発行
令和6年7月31日　第３刷発行

著　者｜冨《とみ》永《なが》彩《あや》心《み》
発行者｜丹羽良治
発行所｜株式会社主婦の友社
〒141-0021　東京都品川区上大崎3-1-1　目黒セントラルスクエア
電話　03-5280-7537（内容・不良品等のお問い合わせ）
049-259-1236（販売）
印刷所｜大日本印刷株式会社

　Printed in Japan　ISBN978-4-07-456852-9

■本のご注文は、お近くの書店または主婦の友社コールセンター（電話0120-916-892）まで。
＊お問い合わせ受付時間　月～金（祝日を除く）　10:00～16:00
＊個人のお客さまからのよくある質問のご案内　https://shufunotomo.co.jp/faq/